ESQUEMAS DE POLÍTICAS SOCIALES I

Miguel Centella Moyano

Primera edición: 2016

Editorial Lulu Press, Inc. (lulupres.com)

© Miguel Centella Moyano

ISBN: 978-1-326-56289-2

Índice

pág.

TEMA 1. LA POLÍTICA SOCIAL 15
1. Predefiniendo la política social y sus espacios de intervención............16
   1.1. POLÍTICA SOCIAL. UNA APROXIMACIÓN TERMINOLÓGICA.............. 16
   1.2. PREDEFINIENDO LA POLÍTICA SOCIAL.............. 17
   1.3. EL CONTEXO DE LA POLÍTICA SOCIAL.............. 17
2. Aproximación sociológica a los conceptos de bienestar social, protección social, política social, cohesión social y otros conceptos afines 18
   2.1. BIENESTAR SOCIAL 18
   2.2. PROTECCIÓN SOCIAL.............. 20
   2.3. POLÍTICA SOCIAL.............. 22
   2.4. COHESIÓN SOCIAL Y OTROS CONCEPTOS AFINES 29
3. La política social como política pública. Modelos de política social.....30
4. Objetivos, principios y funciones 39
5. Política social y ciudadanía..............40
   5.1. EL ESTATUS DE CIUDADANÍA.............. 40
   5.2. CIUDADANÍA SOCIAL 43
6. Temas de discusión 46

TEMA 2. EL ESTADO DEL BIENESTAR..............47
1. Génesis del Estado social. La desmitificación del mercado y la solidaridad como utopía: Del Estado social al Estado del Bienestar social..............48

1.1. ESTADO DEL BIENESTAR Y POLÍTICA SOCIAL. UNA PRIMERA APROXIMACIÓN 48
1.2. EL CALDO DE CULTIVO 50
1.3. EL ORIGEN DEL ESTADO DEL BIENESTAR. DE BISMARCK A BEVERIDGE 52
1.4. LOS SOPORTES TEÓRICOS DEL ESTADO DEL BIENESTAR 57
1.5. LOS INSTRUMENTOS DEL ESTADO DEL BIENESTAR 60
1.6. CARACTERÍSTICAS DEL ESTADO DEL BIENESTAR 60
1.7. EL FORMATO BÁSICO DEL ESTADO DEL BIENESTAR 61
1.8. EL ESPACIO WELFARISTA DEL ESTADO 62
1.9. LOS PILARES DEL ESTADO DEL BIENESTAR 63
1.10. LAS POLÍTICAS WELFARISTAS DEL ESTADO 63
1.11. LOS "TREINTA GLORIOSOS" DEL ESTADO DEL BIENESTAR 64
2. Funciones del Estado del Bienestar 68
3. Modelos sociales welfaristas. El llamado modelo social europeo 71
3.1. DISTINTAS EXPERIENCIAS WELFARISTAS 71
3.2. DISTINTAS EXPERIENCIAS DEL ESTADO WELFARISTA 71
3.3. MODELOS DE ESTADO DEL BIENESTAR 74
3.4. EL LLAMADO MODELO SOCIAL EUROPEO 78
4. El Estado del Bienestar en España. La descentralización de las políticas sociales 81
5. Temas de discusión 89

TEMA 3. EL ESTADO DEL BIENESTAR DE LAS SOCIEDADES POSWELFARISTAS 91
1. La interminable crisis del Estado parternalista y su inacabable reestructuración en la sociedad postindustrial 92
1.1. LA ODISEA WELFARISTA 92
1.2. LA CRISIS DEL ESTADO DEL BIENESTAR DE POSTGUERRA 93
1.3. LAS DIMENSIONES DE LA CRISIS 95
1.4. EL ESTADO DEL BIENESTAR NEOCORPORATIVO 102
2. Estado modesto como paradigma. La redefinición de lo social y de las políticas sociales desde la remitificación del mercado y la lógica lib/lab: Los cuasimercados del bienestar 105
2.1. LA REVISIÓN CUANTITATIVA DE LAS POLÍTICAS SOCIALES 105
2.2. CUASIMERCADOS O MERCADOS INTERNOS DE BIENESTAR 107

3. El nuevo orden poswelfarista: las políticas sociales del welfare mix. La community care y el tercer sector como nuevo actor del bienestar social 109

    3.1. EL ORDEN POSWELFARISTA 109

    3.2. EL BIENESTAR SOCIETARIO 113

    3.3. LA COMMUNITY CARE 117

    3.4. EL TERCER SECTOR 118

4. El futuro del Estado del Bienestar. ¿Hay alternativas a la anorexia social del Estado? 121

5. Temas de discusión 121

BIBLIOGRAFÍA 123

Cuando la casa se nos cae[1]

Una década después de que se comenzase a cuestionar ideológicamente la viabilidad del Estado del bienestar, la España de la *postransición* iniciaba, con cuarenta años de retraso[2], la construcción de las estructuras de su propio modelo *welfarista* sobre la base de una lógica socialdemócrata que, como la mayoría de los partidos que la sustentan, ya por entonces comenzaba una incierta odisea, aún no resuelta y muy probablemente sin retorno, hacia no se sabe dónde.

Desde mediados de los ochenta y con el ingreso en la entonces Comunidad Europea en la agenda, los gobiernos de la recién estrenada España democrática, socialista y de las autonomías, se afanaron en universalizar sus sistemas educativo y sanitario con la urgencia del que llega tarde a la fiesta y se obstina en engullir los momentos perdidos para no quedar desplazado. Es cierto que este país no era el único de Europa occidental que había demorado la puesta en marcha de meca-

---

[1] Centella (2013).
[2] Tantos como duró la dictadura franquista.

nismos de protección social de carácter universal como ampliación y complemento de la cobertura pública ligada con exclusividad a la relación de trabajo, bastante deficitaria, por otra parte. Pero emprender ese proceso acompañados (la vía o modelo mediterráneo, se ha venido a llamar) simbólicamente ni significó un refuerzo en la legitimación del zarandeado modelo keynesiano-beverigiano de bienestar, en conjunto, ni facilitó la construcción de modelos sociales de una eficiencia y equidad elevadas.

Verdad sea dicha que quizás el contexto no diera para realizaciones más ambiciosas en la línea de las experiencias de referencia, por lo que quizás, también, los umbrales de protección social alcanzados no han sido ni mucho menos desdeñables. Los tiempos eran otros. La debilidad fiscal del Estado, el problema del déficit estructural y el desorbitado desempleo generados tras la resaca de casi treinta años de ininterrumpido crecimiento económico y desarrollo social, además de la penetración de las nuevas formas de organización de trabajo posfordistas más flexibles, habían provocado un primer y demoledor asalto a ese pacto keynesiano de postguerra que ha constituido el principal soporte para la generación, el sostenimiento y la promoción social de las clases medias. Bajo esos condicionantes, la contrarreforma thatcheriana-reaganeana establecía las premisas ideológicas y los instrumentos políticos para la deconstrucción del paradigma del igualitarismo universalista socialdemócrata cuya puesta en práctica se pudo ver al instante en forma de moderación de los presupuestos sociales y en la revisión de las carteras de servicios. En la vorágine de las primeras olas de aquel tsunami liberal-conservador que ha anegado hasta no se sabe cuándo pero sí cuánto muchos de los elementos estructurales del sistema, únicamente la lógica del mercado electoral permite que hoy podamos seguir permanentemente hablando de la crisis del Estado del Bienestar y que no nos limitemos a evaluar como algo del pasado la experiencia que este constituyó, y ello a pesar del marasmo de la izquierda, el colapso ideológico que supuso el *posindustrialismo* y la entropía de nuestros sistemas políticos.

No obstante y a contracorriente, en España el gasto público de carácter social comenzó a aumentar a un ritmo muy elevado, tanto como el de la creciente de demanda social era satisfecha por los distintos niveles de administración que se fueron añadiendo rápidamente a los tentáculos del intervencionismo regulador panestatista. El actual estado de salud económica y de depresiva melancolía financiera autonómica y, sobre todo municipal, además de con una deficiente distribución competencial y una errónea utilización de las técnicas presupuestarias, tiene que ver en parte con aquella carrera desbocada alimentada por una subsidiariedad mal entendida.

Pues bien, han pasado treinta años desde que se formularon las primeras políticas sociales al servicio de una estrategia de igualación social de carácter sistémico en el marco de, como establece la vigente constitución, un Estado social, democrático y de derecho. El tiempo suficiente para cerciorarnos de que, con la desazón que produce la incertidumbre por la pérdida de un bien preciado, el modelo social engendrado no es un ente estático ni inmutable y ni mucho menos, como ya se ha señalado, incuestionable. Su construcción forma parte de un proceso que, por más que pueda pesar o por mucho que intranquilice, está inconcluso. Quizá la decepción haya sido el resultado de instalarse en la idea contraria, pensar que nuestro edificio estaba terminado y que las obras de reurbanización en los inmuebles y solares aledaños no tendrían efecto alguno sobre el propio. También es verdad que la evolución del modelo de protección social por el que se había apostado tenía trazas de solidez. Como ya demostramos hace tiempo en *La política de gasto social* (González et. al., 1998) y La consolidación del *Estado del Bienestar en España* (González et. al. 2003), si durante los ochenta asistimos a su puesta en marcha y expansión, los noventa fueron los años de su consolidación, una consolidación que se extendió durante el primer lustro de la pasada década.

Así es. Globalmente considerado, aunque de manera más moderada que en la segunda mitad de los ochenta y con criterios variables dependiendo del gobierno decisor, el gasto social total en España ha continuado creciendo hasta prácticamente los drásticos recortes de los últimos ejercicios, lo que proporciona una idea genérica de la proyección de nuestro Estado del Bienestar. Cierto es que la profundidad de los presupuestos sociales no constituye un indicador omniexplicativo del nivel de generosidad alcanzado por un modelo social en términos cuantitativos, y mucho menos de calidad, como tampoco la dotación de las políticas sociales determinan sus niveles de solidaridad o equidad. En el caso español habría que añadir, además, que desde finales de los noventa el crecimiento económico y la consolidación de las estructuras *welfaristas* no han seguido caminos paralelos ya que los beneficios generados en los años del boom inmobiliario no han venido a reforzar dichas estructuras, de tal manera que en las contadas ocasiones en que se han producido mejoras, estas han tenido o bien un carácter simbólico (nuevos derechos sociales de ciudadanía) o se han implementado sobre dotaciones inconsistentes (Ley de Dependencia).

Dicho esto, cabe señalar dos circunstancias. La primera es que, si bien inconcluso, el Estado del bienestar español venía siendo un edificio sólido y cómodamente habitable por la mayor parte de su comunidad de vecinos, de ahí las resistencias a su desalojo y a la reubicación. La segunda es que parte de su construcción se ha venido haciendo en los últimos años con las técnicas y los materiales de última generación empleados en la remodelación de los Estados del bienestar más avanzados. A saber, la remercantilización de algunas políticas sociales, o partes de ellas (valga como ejemplo la extensión del copago o la desuniversalización de la sanidad. [Y de la idolatrada flexiseguridad]), y la descentralización y flexibilización con criterios societarios de algunas de las funciones sociales del Estado a favor de agentes ajenos al sector público, en ambos casos como un proceso bien de enajenación o bien de devolución, respectivamente, de responsabilidades a favor de la sociedad. La diferencia es que en el primer caso se ha tratado de poner el acento en los fallos del Estado deslegitimando largamente su acción para remitificar el rol del mercado como instrumento de asignación y en el segundo se trata de formalizar un nuevo contrato social que sustituya al viejo pacto entre clases relegitimando el espacio de lo público desde un compromiso con la sociedad a través no solo de sus ciudadanos sino también de los grupos que la integran (ciudadanía grupal).

Llegados a este punto, hoy, una vez que la tozudez de los hechos nos muestra con crudeza cómo las conquistas sociales no son permanentes y cómo cualquier tiempo pasado pudo ser mejor, ahora que la preocupación ha saltado desde el plano de la gestión política directamente a la ciudanía, es sensato que renovemos los interrogantes acerca del futuro de nuestro Estado del Bienestar, del Estado de Bienestar en sí mismo. En estos momentos críticos en que los ataques al paradigma del bienestar social público se recrudecen desde los tradicionales planteamientos promercado y se legitiman institucionalmente en aras de la competitividad, aquellas preguntas que ya se hacían en los setenta adquieren una vigencia renovada: ¿es funcional es Estado del bienestar?, ¿es sostenible?, y dependiendo de la respuesta a las anteriores, ¿es deseable?

Ahora bien, siendo aparentemente sensatas, hay que apuntar que estas preguntas no están formuladas correctamente o al menos que su formulación se plantea sobre una trampa semántica. Porque, ¿hasta qué punto son útiles los viejos remedios para arreglar nuevos problemas para los que no fueron creados? Es obvio que el viejo Estado del Bienestar redistributivo se ve desbordado por la complejidad de la sociedad *neoposindustrial*. Lo mismo de evidente parece que, difícilmente, en el marco de una ciudadanía igualmente compleja y de unas relaciones laborales microfragmentadas, las funciones básicas de redistribución y de mantenimiento de la cohesión social que sobre la base del pleno empleo y de garantizar la igualdad de oportunidades (aun a costa de sacrificar parcelas de liberad) le fueron asignadas puedan desarrollarse con éxito. El viejo Estado paternalista ha perdido buena parte de su funcionalidad por la sencilla razón que no estaba pensado para las funciones que ahora se le piden y, sobre todo, en las circunstancias en que se le piden. Es más, el deterioro de las relaciones de producción fordistas, sustrato del *welfarismo* clásico, no determina únicamente esa disfuncionalidad, sino que vendría a invalidar incluso su formulación. Así las cosas, preguntarse sobre su sostenibilidad parece algo más bien accesorio, tanto desde el punto de vista de su legitimación como desde el punto de vista de su solvencia financiera. Incluso disfuncional e insostenible qué curioso cómo las clases medias o lo que va quedando de ellas [y los partidos a los que sostienen], aquéllas para las que fue creado y lo financian, reclaman su no desmantelamiento.

Por tanto, la pregunta que deberíamos hacernos no es si el Estado del Bienestar está en condiciones de cumplir su antigua misión, sino de si es posible que pueda reorientarse para servir a nuevos objetivos exigibles relacionados con una sociedad más compleja y flexible, si se quiere más líquida, en el sentido *baumaniano*, donde las estrategias para garantizar una solidaridad y una igualdad también más complejas requieren cada vez más de abordajes asimétricos.

De sentido común es, por tanto, que se reflexione serenamente hacia dónde vamos pero sin olvidar de dónde venimos. Cuando la casa se nos cae son varias las opciones que se nos presentan: volver a vieja de nuestros ascendientes, continuar en la que estamos acometiendo reformas estructurales profundas o migrar a una nueva que se adapte a nuestras nuevas necesidades. La involución a modelos sociales residuales de beneficencia, es sin duda una posibilidad, como también lo es renovar la apuesta por la universalidad y el igualitarismo desde planteamientos distintos, entre ellos el continuismo o la prospección de terceras, cuartas o ulteriores vías cada vez más neutras ideológicamente. Posiblemente sea aquí donde se jueguen las batallas más decisivas de la izquierda política a medio plazo. Ya sea desde opciones continuistas o innovadoras, está claro que la continuidad de un nuevo *welfarismo* estará vinculado a la implementación de nuevas arquitecturas de lo social.

Los horizontes que se abren para la refundación de los sistemas de bienestar públicos deberán, en todo caso, contemplar nuevos escenarios condicionados por algunas circunstancias. En primer lugar y en pleno proceso de asimilación del fin del pleno empleo en las economías centrales, el incierto futuro de la sociedad salarial, del empleo como norma social y quién sabe si del sistema de capitalismo maduro tal como lo conocemos. En segundo lugar, la necesidad de extender, de internacionalizar, la acción social pública si se quiere que esta no sea fagocitada por la inercia del *dumping* que se genera de las relaciones de producción globales. Es decir, no parece que sea posible mantener sistemas de protección locales con mercados de trabajo a escala planetaria por lo que habrá que hacer atractiva la idea del modelo social europeo trascendiendo los tradicionales criterios de proteccionismo social. En tercer lugar, la irrupción de las nuevas clases medias en las economías emergentes que amenazan los ya muy amenazados estándares de bienestar alcanzado por las viejas y ahora decadentes clases medias en términos de realizaciones materiales. [Y en fin,] en este contexto de sobrepresión sobre los recursos, no solo públicos sino también privados, de un tipo de demanda, la social, absolutamente rígida, habrá que reflexionar acerca de viabilidad de un bienestar sin crecimiento.

Ese sea quizás el mayor de los dilemas.

TEMA 1. LA POLÍTICA SOCIAL

1. Predefiniendo la política social y sus espacios de intervención
2. Aproximación sociológica a los conceptos de política social, protección social, bienestar social y cohesión social
3. La política social como política pública. Modelos de política social
4. Objetivos, principios y funciones
5. Política social y ciudadanía
6. Temas de discusión

1. Predefiniendo la política social y sus espacios de intervención

1.1. POLÍTICA SOCIAL. UNA APROXIMACIÓN TERMINOLÓGICA

- ❖ **Política**

Actividad, técnica, arte de gestionar los asuntos de la polis, los asuntos de los ciudadanos

¿Qué asuntos?

Los asuntos sociales de los ciudadanos

- ❖ **Social**

Concepto por descubrir, por determinar, de naturaleza cultural

- ❖ **Política social**

A través de esta la ciudadanía confiere la potestad de gestión de esos asuntos sociales al Estado o a cualquier otra institución

1.2. PREDEFINIENDO LA POLÍTICA SOCIAL

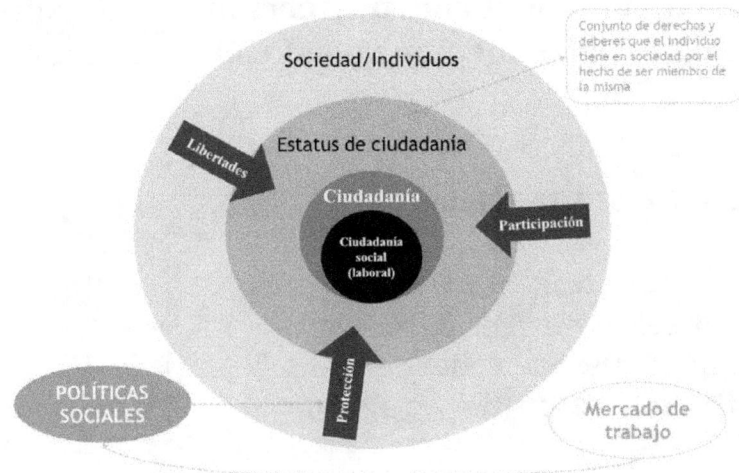

1.3. EL CONTEXO DE LA POLÍTICA SOCIAL

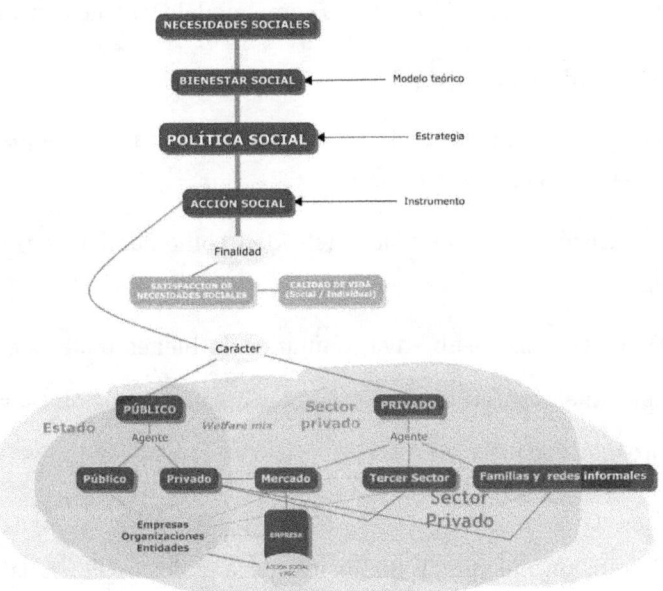

2. Aproximación sociológica a los conceptos de bienestar social, protección social, política social, cohesión social y otros conceptos afines

2.1. BIENESTAR SOCIAL

¿Qué es la necesidad social?
¿Cómo se identifica? (carencias)
¿Cómo se responde socialmente?

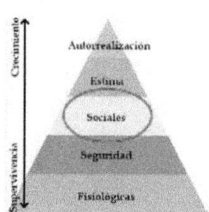

BIENESTAR - PROTECCIÓN SOCIAL (Umbrales de necesidad cubiertos)

El bienestar y la protección sociales como modelo y como estrategia

1. Ambigüedad conceptual

"El bienestar es un ideal de la imaginación mientras que la justicia es una exigencia de la razón" (E. Kant)

- ❖ Dimensión subjetiva: Placer, felicidad, comodidad, bienes inmateriales
- ❖ Dimensión extrasubjetiva: Conjunto de bienes materiales o circunstancias materiales susceptibles de cuantificación (≈ riqueza, prosperidad) ["WELFARE"]

A su vez:

- ❖ Dimensión individual: Requisitos para el desarrollo satisfactorio de la vida personal

❖ **Dimensión colectiva:** Marco extrasubjetivo donde satisfacer las expectativas privadas de bienestar

Evolución conceptual:

❖ Desde la perspectiva utilitarista (agregación de bienestares individuales) a una dimensión social (bienes sociales comunes todos necesarios para alcanzar el pleno bienestar individual)

2. Dinamismo e historicidad

❖ **Bienestar objetivable:** Se trata de hacer del bienestar algo objetivo (objetivable) → Para ello se utilizarán INDICADORES (medidas del esfuerzo, por ejemplo, económico del bienestar). Pese a ello, no resulta nada fácil establecer unos parámetros objetivos de bienestar

❖ **Binomio bienestar social:** Desde finales del siglo XIX en que lo económico y lo social coinciden y se amalgaman

A partir de ahí dos tendencias:

1. **La residual:** Actividad marginal o subsidiaria para la cobertura de necesidades de los grupos más vulnerables mediante la implementación de programas concretos y puntuales
2. **La desarrollista:** Cobertura extensa[3]

---

[3] "Actividad organizada que se propone ayudar a una mutua adaptación de los individuos y de su entorno social", objetivo que "es alcanzado mediante el uso de técnicas y métodos que están ideados para capacitar a los individuos, grupos y comunidades para hacer frente a sus necesidades y resolver sus problemas de adaptación a un modelo cambiante de sociedad, y mediante la acción cooperadora para mejorar las condiciones económicas y sociales" (Naciones Unidas).

3. Los pilares del bienestar social

En los países desarrollados se identifican tres pilares básicos sobre los que se construye el bienestar social

2.2. PROTECCIÓN SOCIAL

1. Protección social

Modo visible en que se despliega el bienestar social material

- ❖ Protección social de carácter público: Compromiso institucional para la cobertura de riesgos individuales y colectivos → Estrategia formalmente establecida para ello (POLÍTICA SOCIAL)
- ❖ Protección social de carácter privado Ejemplo: La acción social de la empresa ("política social" de la empresa)

2. Modelos de protección social pública más comunes

Modelo	Carácter	Solidaridad	Financiación
SEGURIDAD SOCIAL	Laboral	Horizontal	Contributiva
E. BIENESTAR	Conjunto	Vertical	No contributiva

Tendencia a la hibridación de ambos modelos de protección social y a la universalización de las prestaciones y población protegida

3. Relación semántica entre seguridad social y protección social en sentido estricto

Siendo como son dos conceptos afines es necesario indicar la existencia de límites entre ellos:

❖ La SEGURIDAD SOCIAL es un conjunto de medidas oficiales tendentes:

a) A proteger la población de la miseria económica en la que se arriesga a caer a causa de las enfermedades, la invalidez, la vejez o la muerte, en cuanto que se interrumpe la adquisición de ingresos

b) A asegurar a la misma población todas asistencias sanitarias necesarias

c) A dar a ayudas a las familias que tienen hijos [OIT]

Si bien el núcleo prestacional de la seguridad social se ha ido ampliando durante la segunda mitad del siglo XX, es cierto que desde los años 90 en Europa la tendencia ha sido considerarla como un sistema limitado y diferenciado ligado al mercado de trabajo y a la lucha contra la exclusión, quedando reducido a:

- Políticas de mantenimiento de rentas, fundamentalmente a través de tres subsistemas: el de previsión (pensiones de jubilación, vejez e invalidez obligatorias), el de seguridad (frente a los riegos del trabajo y vitales) y el fiscal (renta básica, imposiciones negativas)
- Prestaciones por enfermedad y de maternidad
- Servicios sociales a las personas

❖ La PROTECCIÓN SOCIAL la conforman un conjunto amplio de intervenciones cuyo fin es garantizar unos estándares mínimos de bienestar a aquellos ciudadanos no cubiertos o que no lo están suficientemente por las acciones de la seguridad social

2.3. POLÍTICA SOCIAL

1. ¿Qué se entiende por política social?

político, ca

(Del lat. politĭcus, y este del gr. πολιτικός)

7. f. Arte, doctrina u opinión referente al gobierno de los Estados.

8. f. Actividad de quienes rigen o aspiran a regir los asuntos públicos.

9. f. Actividad del ciudadano cuando interviene en los asuntos públicos con su opinión, con su voto, o de cualquier otro modo.

11. f. Arte o traza con que se conduce un asunto o se emplean los medios para alcanzar un fin determinado.

12. f. Orientaciones o directrices que rigen la actuación de una persona o entidad en un asunto o campo determinado.

social

(Del lat. sociālis)

1. adj. Perteneciente o relativo a la sociedad.

La política social o política de bienestar social, por tanto, la constituirían todas aquellas orientaciones o directrices que rigen la intervención del Estado (pública) o de otros sujetos distintos a este en la sociedad

2. Algunas definiciones genéricas de política social

Desde un punto de vista analítico, integran la política social todos los actos políticos y administrativos que, de una manera u otra, pretenden influir en las estructuras sociales así como en las condiciones vitales y las formas de vida de diferentes grupos sociales (Kaufman, 1990: 19).

No existe una definición unívoca de la política social. Su significado varía en función de objetivos, extensión y límites. Genéricamente podría definirse como:

- ❖ Parte de la política general que tiene como objetivo promover el bienestar económico y social de la población

- ❖ Conjunto de directrices y orientaciones conducentes a la preservación y elevación del bienestar social, procurando que los beneficios del desarrollo alcancen a todas las capas de la sociedad con la mayor equidad

- ❖ Actividad del Estado u otros sujetos sociales distintos a este para, por medio de estrategias y políticas concretas, construir una sociedad cohesionada y equitativa

- ❖ Conjunto de medidas tomadas a nivel de una nación en vista a mejorar o cambiar las condiciones de vida material y cultural de gran número de personas conforme a una toma de conciencia progresiva de derechos sociales y teniendo en cuenta las posibilidades políticas y económicas de un país en un momento determinado (Laubier, 1978).

Una definición operativa podría ser aquella que toma como referencia los programas de bienestar social y a las políticas que sustentan o conforman dichos programas en función de las necesidades sociales que se tratan de cubrir (alimentación, educación, salud y servicios sanitarios, vivienda, seguridad social, sostenibilidad medioambiental)

3. La política social liberal y la política social socialista

La óptica liberal

- ❖ Se prima el bienestar individual
- ❖ Política(s) orientada(s) al individuo
- ❖ Intervención a posteriori, una vez que fracasan los agentes privados (individuos, familia y mercado)
- ❖ La política social se entiende como un conjunto de medidas cuyo objeto es mejorar la movilidad social de los individuos y sus expectativas vitales. Se debe orientar a garantizar la máxima libertad individual en el marco de un sistema de igualdad de oportunidades (que no material o de resultados)
- ❖ La política social va ligada a disfuncionalidades económicas, es de carácter asistencial y cumple una función residual

La óptica socialista

- ❖ Intervención a priori frente a previsiones de necesidad social prefijadas derivadas de una estructura social desigualitaria y de los fallos del mercado
- ❖ La política social se percibe como una estrategia para reproducir o modificar los factores materiales (económicos) que determinan la desigualdad social
- ❖ La política social busca la reducción o eliminación de las desigualdades sociales a través de la redistribución de recursos (rentas), servicios, oportunidades y capacidades (construcción de capital social)
- ❖ Política(s) orientada(s) al colectivo

4. **Los valores de la política social liberal y la política social socialista**

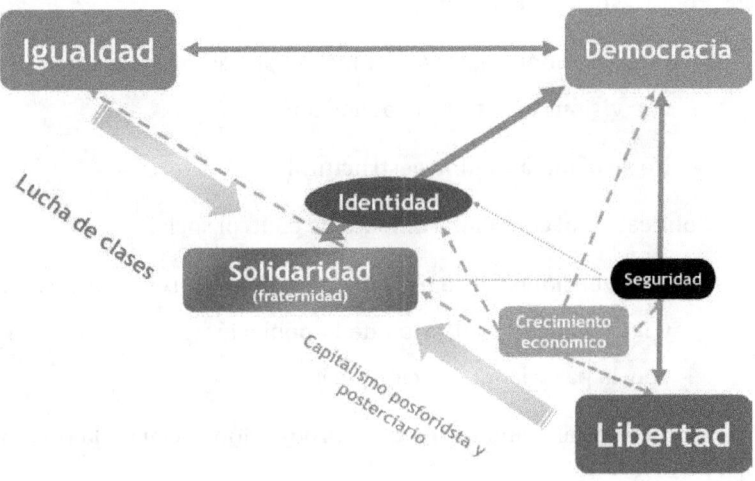

5. **El despliegue de la política social liberal y la política social socialista**

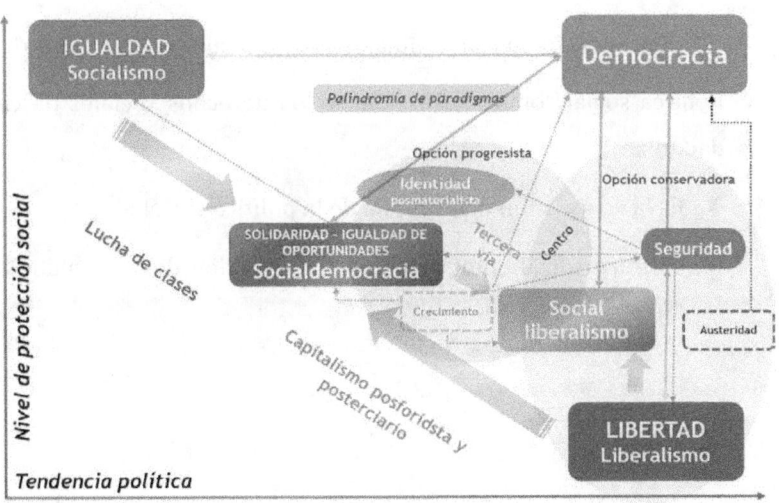

6. La política social como sistema de acción social. Concepciones tradicionales[4]

- ❖ Política social asistencial
    - Intervenciones en apoyo a los desplazados del sistema desde una visión caritativa, de beneficencia
    - No se plantea cambios estructurales
- ❖ Política social como instrumento de control social
    - Intervenciones encaminadas a regular las relaciones sociales y las condiciones de vida de la población para asegurar el orden, la paz y la integración social
- ❖ Política social como forma de reproducción social de la fuerza de trabajo
    - Intervenciones (dirigidas a los trabajadores e, indirectamente, a sus familias) que tratan de garantizar la suficiencia de una fuerza de trabajo competitiva para el sistema productivo
    - Reproducción de las condiciones de trabajo "proletarizado"
- ❖ Política social como realización de los derechos sociales de ciudadanía
    - Es la concepción más amplia de la política social
    - Política social entendida como realización de la igualdad de oportunidades

---

[4] Herrera y Castón (2003: 24-25).

7. La política social como instrumento de reflexividad política[5]

Es decir, como forma de actividad introspectiva de mejora continua que las sociedades modernas ejercen sobre sí mismas para la distribución y redistribución de los recursos materiales y simbólicos que determinan el bienestar social y la calidad de vida

Desde esta perspectiva, la política social podría entenderse como:

1. Un sistema de gestión de la estratificación social (justicia en la división social del trabajo y la distribución del bienestar)
2. Un instrumento de autorreflexión societaria (a fin de ordenar las oportunidades entre grupos sociales según criterios de equidad)
   - ❖ Lo que implica un proceso de autoevaluación y mejora permanente
   - ❖ En la inflexión del binomio política social-Estado del Bienestar, la fórmula política social-reflexividad societaria amplía los horizontes de la primera donde:
     - Las políticas sociales no se asocian exclusivamente a las políticas públicas
     - El Estado asume en esos ámbitos una función de dirección, coordinación o mediación

---

[5] Herrera y Castón (2003: 26-28).

8. La política social como estrategia de intervención

Prestaciones / gasto
→ Provisión de bienes y servicios

Básico o tradicional: Seguridad Social, sanidad, educación, vivienda)

Calidad de vida: (cultura, medio ambiente)

Derecho (social)

El gasto en protección social sería toda aquél "gasto ocasionado por la cobertura de riesgos, contingencias o necesidades en la medida en que este gasto da lugar a la intervención de un tercero y sin que por ello se dé contrapartida simultánea y equivalente al beneficiario" (Seepros, 1997).

¿Gasto social o inversión social?

9. La política social como disciplina científica

La política social como ciencia es un área de conocimiento interdisciplinar y aplicada cuyo objetivo es el análisis de las transformaciones del Estado del Bienestar y las respuestas societarias a las necesidades, retos y riesgos sociales

Dos grandes tradiciones científicas:

❖ La Sozialpolitik alemana

Entiende la política social como una acción de orden y justicia en una sociedad plural y heterogénea [búsqueda de la cohesión social]

❖ La Social Policy inglesa

Entiende la política social como un conjunto específico de medidas orientadas al crecimiento y promoción del bienestar económico y social de la sociedad concebida como esta como un espacio público en que concurren intereses individuales y colectivos (interesada en la intervenciones colectivas para promover el bienestar individual, A. Walker) [orientación a problemas singulares para asegurar la integración social]

10. **Entonces, ¿qué es la política social?**

    ❖ Una estrategia de protección social para gestionar la desigualdad y los desequilibrios sociales

    ❖ Un mecanismo de integración social (por vía societaria mediante regulaciones autónomas y descentralizadas) o de integración sistémica (por vía institucional mediante regulaciones impersonales y centralizadas) de determinados segmentos o grupos sociales

    ❖ Una forma de control social a través de la búsqueda y promoción del bienestar para asegurar la estabilidad y la paz social que, al margen de motivaciones (ilustradas, humanitarias, de justicia social, fallos del mercado o del modelo capitalista, conservación del poder por las clases dominantes) y de los factores (movimientos sociales, obrero, políticos, feminista, grupos de presión, etc.) han dado origen al Estado del Bienestar

    ❖ Un instrumento para la distribución y redistribución de la riqueza social

2.4. COHESIÓN SOCIAL Y OTROS CONCEPTOS AFINES

❖ Acción social (frente a la acción individual)

❖ Cohesión social

❖ Justicia social

- ❖ Prosperidad
- ❖ Pobreza

3. La política social como política pública. Modelos de política social

Distinción de distintos modelos según distintos criterios de clasificación:

- ❖ Según el grado de intervención y regulación social (modelos teóricos en sentido normativo) Titmuss (1971: 20-22).
  - Modelo residual
  - Modelo adquisitivo-ejecutivo
  - Modelo institucional- redistributivo
  - Modelo de planificación total
- ❖ Según la forma de observar e intervenir sobre los problemas sociales (modelos empíricos)
  - Políticas sociales según programas condicionales
  - Políticas sociales según programas evolutivo-incrementales
  - Políticas sociales según programas relacionales
- ❖ Según la utilidad funcional
  - Política social como caridad
  - Política social como garantía del control social
  - Política social mecanismo de reproducción social

- Política social como realización del derecho social de ciudadanía

❖ Según la proyección temporal

- Modelo mutualista (preindustrial y de primera industrialización)
- Modelo estatal (segunda industrialización)
- Modelo societario (sociedad postindustrial)

❖ Según la intencionalidad

- Modelo formalista
- Modelo normativo
- Modelo materialista

1. Modelos teóricos en sentido normativo
1) Modelo residual

❖ Presupone que la familia (redes sociales primarias y secundarias, en general) y el mercado permiten canalizar y satisfacer las necesidades de los individuos

❖ La política social y las instituciones vinculadas a ella únicamente deberían actuar en caso de fallar los mecanismos anteriores y siempre de forma temporal y selectiva

❖ La política social se concibe como una regulación social mínima a posteriori

❖ El objetivo de la política social, por tanto, sería enseñar a la gente a hacer frente a sus propios problemas y no resolvérselos directamente (Montoro, 1997: 44)

2) Modelo adquisitivo-ejecutivo

❖ Las necesidades sociales deberían satisfacerse en función del mérito individual (capacidad de producción y aporte)

❖ El bienestar del individuo es proporcional a su esfuerzo por lo que aparece ligado a las ideas de incentivo y recompensa

❖ La política social y las instituciones vinculadas a ella aparecen como instrumentos auxiliares del sistema económico

3) Modelo institucional- redistributivo

❖ El bienestar se presenta como un valor que deber ser asegurado institucionalmente mediante servicios de carácter universal al margen del mercado y con base en el principio de necesidad

❖ El ciudadano es el titular de los beneficios sociales de la política social, con independencia de que existan otras instituciones que distribuyan recursos de bienestar

❖ Se busca garantizar el principio de igualdad social (igualdad de oportunidades) no solo para alcanzar una mayor justicia social, sino como requisito de partida para la cohesión social

❖ El modelo se sustancia en un sistema de redistribución

❖ Intenta compensar a los individuos que, por causas sociales o accidentales, son víctimas del dis-welfare

❖ La política social, por tanto, aparece como un instrumento que actúa con criterios universales de distribución de los beneficios

4) Modelo total o de planificación total[6]

❖ Se caracteriza, además de por emplear criterios de universalidad en la distribución del bienestar, por eliminar del ámbito de intervención otros distintos de la propia necesidad social a partir de una programación pública o social

❖ El referente lo constituyen los países de socialismo real en los que se intentó que el Estado socializase la distribución de la riqueza social

2. Modelos empíricos[7]
1) Políticas sociales según programas condicionales

❖ Se parte de la idea de que la realidad social es objetivamente conocible

❖ La política social se articularía en torno a programas de intervención y planificación aplicables cuando concurran las circunstancias especificadas

❖ Primacía de las normas frente a los objetivos. Se relativizan y minimizan los problemas de implementación, evaluación de impactos así como la aparición de eventuales emergencia o efectos no deseados, como si lo social se rigiese por un principio de causalidad inalterable

❖ Las políticas keynesianas así como las de inspiración beveridgiana han funcionado con estos parámetros si bien actualmente

---

[6] Donati y Lucas (1987: 60-61).
[7] Herrera y Castón (2003:39-45).

este tipo de planteamiento se aplica a casos muy particulares en los que el ámbito de aplicación es relativamente simple

2) Políticas sociales según programas evolutivo-incrementales

- ❖ Se parte de la ida de que la realidad social es una construcción social cambiante, lo que implica generalización de los objetivos a perseguir

- ❖ La política social se articularía de manera flexible y poco burocratizada en torno a objetivos prácticos a perseguir evolutivamente según sucesivos incrementos y no en torno a normas de aplicación apriorística

- ❖ Primacía de los objetivos sobre las normas. Se valoran la evaluación de resultados y el impacto de los programas.

- ❖ La generalización de los objetivos y la consiguiente multiplicación de programas pueden determinar resultados paradójicos

3) Políticas sociales según programas relacionales

- ❖ Las políticas sociales parten de un planteamiento relacional. La implementación de las políticas sociales no se persigue de manera lineal ni depende de algún o algunos actores sociales privilegiados, sino que depende de la colaboración entre distintos actores y sectores (público, privado, mercado, privado, social) y se articula en intervenciones en red

- ❖ La observación reflexiva come eje. Las políticas sociales asumen un modelo de tipo sistemas ODG (observación-diagnóstico-guía relacional) para la intervención del que son actores tanto sus productores como sus consumidores

3. Modelos según la utilidad funcional[8]

1) Política social como caridad

- ❖ Es la política social más primaria y elemental, tanto desde el punto de vista de su contenido como en términos históricos

- ❖ Se entiende como una actuación de carácter caritativo, asistencial, humanitario o filantrópico, de finalidad ético-política, alejada de cualquier alusión a la ciudadanía

- ❖ Se articula en torno a la actuación de los poderes públicos (nacionales o locales) u otros poderes hegemónicos para ayudar a los individuos afectados por la pobreza o abandono e incapaces de competir con los demás

- ❖ La política social es un remedio puntual, coyuntural sin más pretensiones (no se cuestiona la estructuras social, económica o política)

2) Política social como garantía del control social

- ❖ La política social es un instrumento al servicio del control social asegurando de manera regulada las condiciones vitales de ciertos estratos sociales de tal manera que queden a salvo el orden público, la paz y la cohesión sociales, o lo que es lo mismo el orden vigente

- ❖ La política social se configura como un instrumento del Estado orientado a dicho fin

---

[8] Montoro (1997: 42-44).

- ❖ El componente ético es sustituido por otro de tipo práctico e interesado desde el punto de vista clasista

- ❖ La política social podría entenderse como "un procedimiento para estabilizar la relación entre los ámbitos productivo e improductivo de la sociedad, sin poner en riesgo la estabilidad del sissistema" (Higgins, 1980)

3) Política social como mecanismo de reproducción social

- ❖ Concepción materialista (marxiana) de la política social

- ❖ La política social sigue siendo un instrumento del Estado para la cobertura de mínimos vitales que busca reproducir las condiciones de vida de la fuerza de trabajo, reproduciendo, así, las relaciones de clase

- ❖ "La política social es la resolución estatal del problema de la constante transformación del no asalariado en asalariado" (Offe y Lenhardt, 1979)

4) Política social como realización del derecho social de ciudadanía

- ❖ La política social se concibe como un instrumento que hace posible la realización de los derechos sociales de ciudadanía de manera armónica con los derechos civiles y políticos, es decir, salvaguardando estos órdenes

- ❖ Implica una concepción global que contempla todas las fuerzas y agentes sociales de tal manera que se dirige al conjunto social

4. Modelos según la proyección temporal[9]

1) Modelo mutualista (preindustrial y de primera industrialización)

- ❖ La política social está orientada a los grupos sociales en situación de pobreza
- ❖ La cobertura de riegos es confiada a la mutualidad y a la asistencia a posteriori mediante fórmulas mixtas de intervención entre el Estado y las solidaridades locales o profesionales
- ❖ El rol del Estado social es residual

2) Modelo estatal (segunda industrialización)

- ❖ La política social está orientada a las clases sociales definidas éstas respecto del mercado capitalista
- ❖ La cobertura de riesgos se garantiza mediante aseguraciones obligatorias para categorías profesionales y, en ciertos casos, vía fiscal
- ❖ La distribución obedece a una lógica redistributiva
- ❖ El rol del Estado social es más institucional y, a veces, casi total

3) Modelo societario (sociedad postindustrial)

- ❖ La política social está orientada a las condiciones y estilos de vida de las personas, verdaderos protagonistas más que meros destinatarios pasivos

---

[9] Herrera y Castón (2003:45-46).

- ❖ La cobertura de riesgos se articula en torno a un mix de recursos entre Estado, mercado, tercer sector (solidaridad asociativa) y ámbitos de solidaridad primaria (familia y redes informales)
- ❖ El Estado disminuye su intervención en la gestión directa para asumir un rol de ordenación (dirección, coordinación)

5. Modelos según la intencionalidad[10]

1) Modelo formalista

- ❖ Modelo en el que la política social pone en marcha acciones de intervención sin interesarse por el resultado en cuanto a tal (primacía de las normas frente a los objetivos)

2) Modelo normativo

- ❖ Modelo en que la política social, además de prescribir acciones de intervención, valora la discrepancia entre la norma y el resultado

3) Modelo materialista

- ❖ Modelo en el que la política social aborda el planteamiento y el resultado de las acciones de intervención partiendo de la trama material de las relaciones sociales de clases y de poder

---

[10] Offe y Lenhardt (1979).

4. Objetivos, principios y funciones

Tanto los objetivos y funciones como los principios de la política social varían dependiendo del modelo o modelos que informen sus acciones de intervención

Entre los denominadores comunes para estos objetivos, funciones y principios de la política social estarían los de:

Sociales y políticos

- ❖ Protección social
- ❖ Igualdad, entendida tanto en su forma igualdad de oportunidades como de reducción de las desigualdades
- ❖ Equidad
- ❖ Justicia social
- ❖ Solidaridad
- ❖ Bien común, entendido como bienestar social
- ❖ Cohesión social e integración social
- ❖ Progreso social
- ❖ Calidad de vida
- ❖ Lucha contra la pobreza
- ❖ Orden, control y paz sociales
- ❖ Generación de clases medias
- ❖ Distribución y redistribución de riqueza

Económicos (políticas expansivas de gasto)

- ❖ Estímulo a la demanda y al crecimiento sostenido
- ❖ Regulación de los mercados y de los ciclos económicos (estabilidad)
- ❖ Niveles elevados de empleo

Las funciones y objetivos de la política social lo son tanto directos como indirectos:

- ❖ Directos: Están ligados al reconocimiento y promoción de estos principios en todo el sistema societario, por lo que las aparecen como objetivos y funciones difusos más que específicos
- ❖ Indirectos: La política social no está exenta de funciones no intencionales o latentes, no siempre previsibles, cuyos efectos no tienen por qué resultar funcionales o positivos

5. Política social y ciudadanía[11]

5.1. EL ESTATUS DE CIUDADANÍA

Según la RAE, la ciudadanía se define como "cualidad y derecho de ciudadano"

---

[11] Cfr. Herrera y Castón (2003: 87-108).

Puede entenderse por ciudadanía aquel conjunto de derechos y deberes que vincula al individuo a la plena pertenencia a la comunidad (...), un estatus que se confiere a aquellos que son miembros de pleno derecho de una comunidad. Todos los que poseen ese estatus son iguales respecto a los derechos y a los deberes conferidos por tal estatus (T. H. Marshall)

El estatus de ciudadanía: la ciudadanía social del Marshall

- ❖ Desde esta perspectiva la ciudadanía se articula en torno a tres elementos de aparición diacrónica:
    - El civil (derechos que hacen posible el ejercicio de las libertades individuales) [s. XVIII]
    - El político (derecho a participar en el ejercicio del poder político) [s. XIX]
    - El social (condesaría toda una gama que va desde un mínimo de bienestar y de seguridad económica hasta el derecho a participar plenamente en la convivencia social y a vivir la vida de las personas civiles según los cánones vigentes en la sociedad [s. XX]
- ❖ El desarrollo del concepto de ciudadanía es, no obstante, más complejo que una mera agregación de derechos. Hasta bien entrado el siglo XX los derechos sociales han sido ajenos al estatus de ciudadano
- ❖ Para Marshall el bienestar personal es una realidad pluridimensional que precisa del Estado para garantizar la vida en comunidad y de la economía del mercado para la creación y aumento de dicho bienestar

Características	Derechos civiles y políticos	Derechos sociales	Derechos "en calidad de vida"
Origen	S. XVIII (Revolución Francesa)	SXIX (Revolución Industrial) desarrollo capitalismo y desigualdades	Finales S.XX
Sobrenombre	Derechos de 1ª generación	Derechos de 2ª generación	Derechos de 3ª generación
Papel Estado	Pasivo	Activo (Prestacional)	Activo (Prestacional)
Desarrollo	Estados liberales	Estados socialdemócratas	Estados postindustriales
Titularidad	Individual (personal)	Individual (personal por pertenecer a un grupo)	Colectivo
Carácter	Subjetivo	Objetivo	Objetivo
Tipo de derecho	Libertad y participación	Igualdad a partir de la libertad	Calidad de vida
Ejercicio del derecho	Individual	Solidario	Solidario

1. Los derechos sociales son derechos de prestación o de crédito
2. Los derechos sociales son de titularidad individual de carácter empírico, que inspiran en una concepción empírica y realista del ser humano
3. Los derechos sociales remiten a un concepto de libertad configurado a partir de la igualdad
4. Los derechos sociales son un elemento de solidaridad social

5.2. CIUDADANÍA SOCIAL

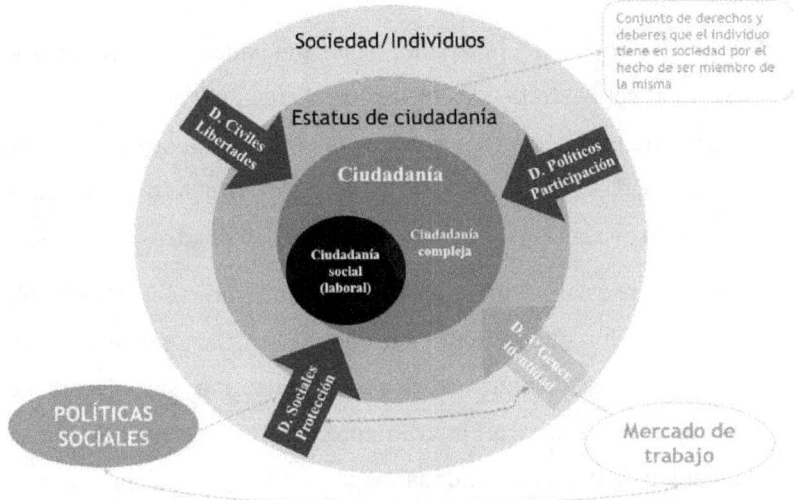

1. **Ciudadanía y desigualdad social**

   ❖ Frente al estatus de igualdad que confiere la ciudadanía, el modelo de producción capitalista (clasista) es esencialmente desigualitario

   ❖ La ciudadanía ha alterado (que no anulado) limitando la estructura de la desigualdad social en la medida que su estatus se ha ido dilatando

   ❖ El Estado social y los acontecimientos que propician su nacimiento y desarrollo explicarían la conciliación entre los derechos de libertad ciudadana y la corrección de las disfuncionalidades generadas por la sociedad de mercado. Esto explicará la consolidación del Estado como instancia intermediadora que persigue el bienestar colectivo haciendo posible el bienestar privado

2. **Ciudadanía y Estado social: conciliación entre igualdad y la lógica del mercado**

    ❖ El problema de la ciudadanía hasta mediados del s. XX gira en torno al concepto de clase (desigualdades derivadas de las relaciones de producción), por lo que el reconocimiento de los derechos sociales de ciudadanía lo es para reducir o controlar el conflicto de clases y contrarrestar las desigualdades

    ❖ El Estado social no nace, en realidad, con vocación de serlo plenamente, sino que se limita a proponer reformas sociales correctoras de las disfuncionalidades del sistema sin alterar sus estructuras: es más un instrumento para su defensa que para la igualdad de derechos ciudadanos

    ❖ De ahí que los derechos sociales que emanan del principio de ciudadanía no siempre se traduzcan en medidas concretas por su simple evocación formal

    ❖ Desde el instante que el Estado social aparece ligado a la lógica del trabajo asalariado, el principio de igualdad de oportunidades se desvanece frente a las profundas desigualdades

3. **Las contradicciones de la sociedad del trabajo y la ciudadanía laboral**

    ❖ El Estado social aparece como respuesta de las sociedades burguesas e industriales a los desafíos planteados por la lucha de clases

    ❖ El bienestar social adquiere una fisonomía humanista y benéfica de workfare tanto por su funcionamiento, ligado a los trabajadores activos, como en sus intervenciones, posibles gracias a la creación de riqueza social resultado del trabajo

- ❖ Contrastan por tanto dos lógicas, la del bienestar social y la ciudadanía (igualdad en derechos, con independencia del mercado) y la del workfare y la sociedad salarial, lo que no ha impedido mejoras en las condiciones sociales

- ❖ Esas mejoras sociales han sido posibles en un contexto en el que la mayor parte de la población ha podido acceder a un puesto de trabajo, pero fuera de ese contexto los derechos sociales de ciudadanía difícilmente son reconocidos, por lo que aparecen segmentos de población excluidos

- ❖ El momento presente es distinto al de aparición del Estado social: la dialéctica clasista (no definidas exclusivamente por las relaciones de producción) aparece desdibujada al tiempo que se produce un aumento de la complejidad social con nuevas adscripciones, marginaciones, derechos y desafíos (económicos, éticos, étnicos, religiosos, culturales, generacionales, de género, etc.) que precisan de una redefinición permanente de los derechos sociales de ciudadanía

4. La paradoja de la ciudanía

- ❖ El reto de la universalidad

5. Versiones de la ciudadanía: norma y realidad

- ❖ La ciudadanía "limitada": la mujer
- ❖ La ciudadanía "negada": los menores
- ❖ La ciudadanía "esperada": los emigrantes

❖ La ciudadanía "perdida": los excluidos

6. Temas de discusión

1. ¿Qué se entiende por bienestar social? ¿Qué diferencia la perspectiva utilitarista y la social?
2. Diferencias entre las tendencias residual y desarrollista del bienestar social
3. ¿Qué son y para qué sirven los indicadores sociales?
4. Conceptos de la política social.
5. Diferenciación entre la óptica liberal, socialdemócrata y socialista de la política social.
6. ¿Qué implica la reflexividad aplicada a la política social?
7. ¿Cuáles son las dos grandes tradiciones científicas en el ámbito de la política social?
8. Modelos de política social.
9. ¿Es posible una socialdemocracia fuera del capitalismo o anticapitalista?
10. ¿Cuáles son los objetivos, funciones y principios de la política social?
11. ¿Qué relación existe entre política social y ciudadanía?

TEMA 2. EL ESTADO DEL BIENESTAR

1. Génesis del Estado social. La desmitificación del mercado y la solidaridad como utopía: Del Estado social al Estado del Bienestar social
2. Funciones del Estado del Bienestar
3. Modelos sociales welfaristas. El llamado modelo social europeo
4. El Estado del Bienestar en España. La descentralización de las políticas sociales
5. Temas de discusión

1. Génesis del Estado social. La desmitificación del mercado y la solidaridad como utopía: Del Estado social al Estado del Bienestar social

1.1. ESTADO DEL BIENESTAR Y POLÍTICA SOCIAL. UNA PRIMERA APROXIMACIÓN

¿Qué se entiende por Estado del Bienestar?

- ❖ Denominaciones: Estado del Bienestar, Estado benefactor, Estado providencia, Welfare State, Estado keynesiano de bienestar, Estado paternalista, Estado interventor, Social Service State…

- ❖ El Estado de bienestar implica una responsabilidad estatal (pública) para asegurar unos mínimos básicos de protección social a sus ciudadanos:

  - Experiencia en la que el Estado asume la responsabilidad de garantizar a su ciudadanía, por el hecho de serlo y con independencia del estatus o clase social personal, un conjunto de prestaciones de carácter social así como unos determinados ingresos, es decir, un cierto umbral mínimo de bienestar y protección sociales, que se convierten en un derecho social

- ❖ Genéricamente entendemos por Estado del Bienestar aquel conjunto de instituciones estatales que garantizan derechos sociales a los ciudadanos, desarrollados a través de políticas de carácter redistributivo con base en la solidaridad vertical y que apoyadas inicialmente sobre la idea una ciudadanía laboral se proyectan con carácter universal

Ahora bien, hay que tener presente que[12]:

❖ El término bienestar no es fácil de definir, aun cuando es el principal eje de la política social y ocupa un lugar destacado en la literatura que se ocupa de ella

❖ El Estado de bienestar está en el centro del debate la política social, pero ni estudiosos ni políticos están de acuerdo sobre su dimensión y lo que significa para un país contar con él

❖ Las distintas experiencias nacionales del bienestar se plasman en muchas formas que van más allá de la prestación de los servicios sociales básicos

❖ El Estado de bienestar no es neutral, muy al contrario contribuye a la estratificación social y puede reforzar las divisiones sociales

❖ El bienestar no se presta únicamente por el Estado. En todas las sociedades se describen experiencias mixtas de prestación

❖ Términos como wel-being o incluso felicidad se han convertido en estos últimos años en alternativas cada vez más de moda al bienestar (welfare) clásico

---

[12] Hudson (2013: 3).

1.2. EL CALDO DE CULTIVO

1. **El paradigma liberal clásico de protección social**
   - ❖ **Principio de autosuficiencia**
     - El individuo (responsable), la familia (corresponsable), el mercado provisor, el estado (policía)
   - ❖ **La filosofía de la caridad en la economía industrial y del laissez faire** (Moix, 1980: 239)
     - Aceptación de la inevitabilidad de la pobreza
     - Convicción de que solo el trabajo puede mejorar el nivel de vida
     - Creencia en la responsabilidad moral por la pobreza extrema
     - La caridad como instrumento apropiado para la mejora de la condición de los indigentes
   - ❖ **La beneficencia como modelo social de caridad pública**
     - Pobreza: No existen más problemas que los económicos
     - La protección social es artificiosa y disfuncional
     - Beneficencia: Umbral de protección subsidiario y marginal para los "fracasos del mercado"
     - Política social restrictiva centrada en esos fracasados o incapaces frente al mercado

2. **Quiebra del principio de autosuficiencia**
   - ❖ **Factores socioeconómicos**

- Redefinición del concepto de pobreza (pobreza estructural ligada al propio desarrollo industrial: working poors)
- Fracaso del mercado como agente provisor
- Inoperancia de las formas clásicas de protección social (familias, vecindad, beneficencia, iglesia)

❖ **Factores científico-técnicos**

❖ **La cuestión social**

- Reivindicación obrera
- Doctrina social de la iglesia[13]

❖ **Las nuevas sensibilidades sociales**

- Replanteamiento del principio negador de la responsabilidad del Estado
- Primeras intervenciones públicas (regulación social, cajas de jubilación)
- Antecedentes de los seguros sociales (mutualidades. sociedades de socorros mutuos, cofradías, montepíos)

3. **La desmitificación del mercado**

❖ ... y la mitificación del Estado

---

[13] Disueltos en el pasado siglo los antiguos gremios de artesanos, sin ningún apoyo que viniera a llenar su vacío, desentendiéndose las instituciones públicas y las leyes de la religión de nuestros antepasados, el tiempo fue insensiblemente entregando a los obreros, aislados e indefensos, a la inhumanidad de los empresarios y a la desenfrenada codicia de los competidores *(Rerum Novarum*, León XIII, 1891).

- ❖ Doble fallo del mercado

  - Crecimiento económico irregular (ciclos expansivos – ciclos depresivos)

  - Inestabilidad social (generación de profundas desigualdades)

1.3. EL ORIGEN DEL ESTADO DEL BIENESTAR. DE BISMARCK A BEVERIDGE

1. El origen causal

- ❖ El desarrollo de la industrialización

- ❖ La implantación de los derechos democráticos

- ❖ La movilización de los trabajadores

  - Contextos autoritarios ⇒ Bismarck, reformas para contrarrestar la influencia del SPD

  - Contextos democráticos ⇒ Presión del movimiento obrero desde la vía reformista (impulso de los partidos obreros, pacto entre capital y trabajo) o desde la radicalidad antiliberal

    - República de Weimar (1919)

    - La experiencia social de Suecia

    - El New Deal norteamericano (1933-1938)

    - Frentes Populares (Francia, L. Blum)

    - El nacimiento de la OIT y las medidas sociales de la III Internacional (1919)

- ❖ La cuestión social

- La crisis del Antiguo régimen no solo lo es política sino que va ligada a la transformación y deterioro de las condiciones de vida que se derivan del industrialismo

- El divorcio entre las esferas políticas (derechos ciudadanos) y económico (pobreza estructural), origen de la cuestión social, permitió señalar, por primera vez con claridad, el lugar de lo "social": debía desplegarse en el espacio intermedio, restaurar o establecer vínculos que no obedecían a una lógica estrictamente económica ni a una jurisdicción estrictamente política (Castel, 1997).

- La política social, el conjunto de dispositivos montados para promover la integración social de la clase trabajadora (los pobres), ha sido la respuesta a la cuestión social[14]

2. Tres momentos en el desarrollo del Estado liberal

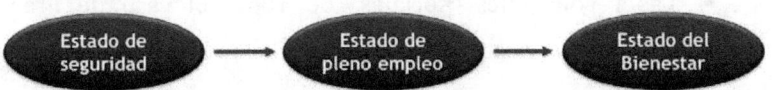

Estado de seguridad → Estado de pleno empleo → Estado del Bienestar

3. Tres momentos en el desarrollo del Estado social

1. La asistencia social (1814-1883)

---

[14] La cuestión social "es una aporía fundamental en la cual una sociedad experimenta el enigma de su cohesión y trata de conjurar el riesgo de su fractura. Es un desafío que interroga, pone en cuestión la capacidad de una sociedad para existir como un conjunto vinculado por relaciones de interdependencia.
Esta noción expresa la incapacidad estructural de la sociedad capitalista de garantizar mecanismos universales de integración y cohesión social. Esta cuestión se bautizó como tal en la década de 1830. Se planteó la toma de conciencia de las condiciones de vida de poblaciones que eran a la vez agentes y víctimas de la revolución industrial. Era la cuestión del pauperismo" (Castel, 1997: 16-17).

2. La seguridad social (1883-1915)

3. El Estado del Bienestar (1915-)

   - Período de entreguerras (1915-1945)
   - Provisión social pública (1945-)

El Estado social inicialmente aparece como un modelo que trata de conciliar los principios de igualdad y libertad, lo que precisamente lo distingue del Estado liberal

1) La asistencia social [1814-1883]

- ❖ Política social residual (caritativa y punitiva) ⇒ beneficencia (siglo XIX, marcado por la cuestión social)
- ❖ Período de experimentación donde se debate el papel del Estado

2) La seguridad social (workfare state) [1883-1915]

- ❖ Los prolegómenos del Estado social
  - Las revoluciones "sociales" de 1848. El caso de Francia ("donde no existe la igualdad, la libertad es una mentira", L. Blanc)
  - La Comuna de París (1871)
  - La política social alemana de Bismarck: integración sistémica del movimiento obrero
- ❖ Creación, institucionalización y expansión de los primeros seguros sociales (1883-1915, tiempo de la reforma social)
  - Institucionalización progresiva de los seguros de accidente de enfermedad, trabajo y vejez de carácter obligatorio o voluntario

- Los seguros obligatorios, no siendo una tendencia general, tampoco se generalizan hasta más tarde por la amplitud de la cobertura voluntaria
- Los seguros lo eran para los trabajadores de determinadas empresas y, en el caso de los obligatorios de enfermedad y vejez, para aquéllos que no superasen un cierto nivel salarial
- El nivel de cobertura en 1915 no superaba el 18 por ciento

❖ Aparición de un nuevo Estado que interviene en esferas hasta ahora reservadas al ámbito privado [seguridad obligatoria y reconocimiento de la responsabilidad financiera del Estado] → Ruptura del Estado liberal, si bien con matices:

Seguros voluntarios establecidos entre 1883-1915

Países	Seguros contra accidentes de trabajo	Seguro de enfermedad	Seguro de vejez	Seguro de desempleo	% de población asegurada en 1915
Austria	1887 (empresas industriales)	1888 (obreros y empleados bajo nivel de renta)	1906 (para empleados)	•	13,8
Alemania	1884 (obreros y empleados de empresas determinadas bajo nivel de renta)	1883 (obreros y empleados bajo nivel de renta) 1911 (extensión trabajadores agrícolas)	1889 (obreros y empleados bajo nivel de renta)	•	42,8
Bélgica	1903	1984	1900	•	17,5
Dinamarca	1898	1892	1891	•	30,8
España	1900	1942	1919	•	
Finlandia	1985 (accidentes graves)	1897	1897	•	2,0
Francia	1898	1898	1895	1905	11,5
Holanda	1901 (algunas empresas industriales)	(en 1913 se aprueba la modalidad obligatoria pero no entra en vigor)	1913 (bajo nivel de renta)	•	7,3
Italia	1898 (obreros y empleados de empresas seleccionadas)	1886	1898	•	4,8
Luxemburgo	1902 (trabajadores de la industria con límites de renta)	1901 (trabajadores de la industria bajo nivel de renta)	1911 (trabajadores y empleados bajo nivel de renta)	•	•
Noruega	1984 (determinadas empresas industriales)	1909 (trabajadores bajo nivel de renta)	•	(Voluntario)	17,8
Suecia	1901	1891	1913 (carácter asistencial)	•	10,8
Suiza	1911 (en determinadas empresas industriales)	1911	•	•	37,0
R. Unido	1897	1911 (trabajadores bajo nivel de renta)	1908 (Old Age Pension Act, condicionado a nivel de renta y financiado por el Estado)	1911 (para determinadas industrias)	36,3

- La obligatoriedad de los seguros no es una tendencia general
- El seguro obligatorio más extendido es el de accidente de trabajo. No se establece, en cambio, un seguro de desempleo
- La financiación de los seguros es tripartita, pero la aportación del Estado es limitada
- La cobertura no lo es para el conjunto de trabajadores ni menos aún para toda la ciudadanía

3) El Estado del Bienestar (welfare state) [1945-]

❖ Debilidad del Estado social de entreguerras

- Consolidación de la política social como estrategia de acción del Estado
- Transformación de los seguros de trabajo en la Seguridad Social

❖ Las nuevas relaciones entre el Estado y la economía: La política económica y la política social de la mano. El New Deal como antecedente del keynesianismo

- La Social Security Act (1935)

❖ El modelo fordista de producción y la Guerra Fría como escenario

❖ El Estado paternalista como referente (segunda mitad del siglo XX, la ciudadanía social): del Estado de Seguridad al Estado del Pleno Empleo y de este al Estado del Bienestar

❖ El Beveridge Repport (1942), "acta inaugural"

❖ Expansión en occidente de la provisión social pública

1.4. LOS SOPORTES TEÓRICOS DEL ESTADO DEL BIENESTAR

"Los desequilibrios del modelo de crecimiento vigente hasta entonces, la presión social para distribuir la renta y la riqueza, la progresiva implantación del sufragio universal y el clima de consenso alcanzado durante la SGM son factores que contribuyeron decisivamente a hacer realidad el WS" (González y Torres, 1992: 31).

El Estado del Bienestar de postguerra se sustenta sobre tres fundamentos teóricos:

1. Las propuestas económicas de Keynes

   - Políticas de intervención pública para dinamizar la demanda y así lograr un equilibrio macroeconómico entre producción y consumo

2. El informe Beveridge

   - Establecimiento de ingresos mínimos que garanticen al ciudadano protección frente a eventualidades que afecten a su capacidad para trabajar

3. La ciudadanía social [T. H. Marshall]

Keynes y Beveridge, con distinta justificación ideológica, apuestan por una protección social amplia

1. **Las propuestas económicas de Keynes**

   ❖ Preocupación por el desempleo y las fluctuaciones cíclicas de la economía

   - El desempleo es consecuencia de la insuficiencia de demanda (caída del consumo y de la inversión)

- La superación de las crisis económicas no puede lograrse únicamente mediante los mecanismos del mercado (autorregulación)
- ❖ $Dx = Y = C + I + G + Nx$
- ❖ El efecto multiplicador del gasto público
- ❖ Intervencionismo estatal coyuntural (gasto público, fiscalidad, tipo de interés) → economía mixta y redistribución
- ❖ Los fallos del mercado fundamentan el carácter social de sus propuestas económicas[15]
- ❖ Las propuestas keynesianas ponen en común dos conceptos antagónicos: la acumulación de capital y la redistribución de la riqueza y hace de esta la condición de la viabilidad de la primera
- ❖ Del laissez faire a la economía social de mercado

2. El Informe Beveridge (Social insurance and allied services, 1942)

- ❖ Objetivo: Eliminar la pobreza. Esta está causada por el desajuste de la renta con relación a las necesidades familiares o interrupción o pérdida de la capacidad de obtener un salario
- ❖ Estrategia:

---

[15] "los principales inconvenientes de la sociedad económica en la que vivimos son su incapacidad para producir ocupación plena y su arbitraria y desigual distribución de la riqueza y de los ingresos (Keynes, 1965: 333).

- Oferta de una seguridad social que libere al ciudadano garantizando un mínimo de ingresos

- La política social del Estado no lo es solo para solucionar problemas existentes, sino para prevenir riesgos futuros y, así erradicar la necesidad permanentemente

- Implantación de un sistema de Seguridad Social para proporcionar bienestar a toda la población a través del Seguro Social, Asistencia Nacional y los Seguros Voluntarios

- Fomento del pleno empleo, como base del crecimiento económico, incremento del consumo, pero como base también de la felicidad personal

- Leyes de seguros sociales derivadas del informe(1945-1948):
    - Family Allowances Act
    - Children's Act
    - National Insurance Industrial Injuries Act
    - National Insurance Act
    - National Health Service Act
    - National Assistance Act

❖ Principios fundamentales del informe:

1. Prestaciones uniformes independientes del nivel de renta del asegurado
2. Contribuciones uniformes
3. Gestión administrativa unificada

4. Suficiencia de las prestaciones, tanto con relación a la cuantía como a la duración a fin de garantizar un mínimo de ingresos suficientes
5. Amplitud del ámbito de aplicación, respecto de las personas cubiertas como a los riesgos considerados
6. Diferenciación (la seguridad social se aplica teniendo en cuenta los diferentes modos de vida de los asegurados)

1.5. LOS INSTRUMENTOS DEL ESTADO DEL BIENESTAR

1. Política económica intencional

- ❖ Políticas de demanda (Keynes → equilibrio macroeconómico entre producción y consumo, crecimiento y redistribución)

2. Política redistributiva de rentas

- ❖ Política fiscal progresiva (→ mayor presión fiscal)
- ❖ Política de gasto social (Gasto en bienestar: salario indirecto o salario social)

1.6. CARACTERÍSTICAS DEL ESTADO DEL BIENESTAR

Siguiendo a Mishra (1989: 56) podrían señalarse las siguientes:

1. Intervención estatal en la economía para mantener el pleno empleo o, al menos garantizar un alto nivel de ocupación
2. Provisión pública de una serie de servicios sociales universales, incluyendo transferencias que cubran las necesidades humanas básicas de los ciudadanos en una sociedad compleja y cambiante

[funciones que van más allá de las propias del Estado liberal o del "Estado del pleno empleo"]

- Por ejemplo: educación, sanidad, pensiones, ayudas familiares, vivienda
- Con carácter universal, es decir, dirigidos a todos los grupos de renta sin necesidad de ningún tipo de control de ingresos

3. Responsabilidad estatal en el mantenimiento de un nivel mínimo de vida, entendido como un derecho social [responsabilidad pública, de la comunidad, por el bienestar individual de los ciudadanos]

- No se trata de caridad pública subsidiaria y residual, sino de una responsabilidad colectiva hacia toda la ciudadanía de una comunidad nacional, moderna y democrática

1.7. EL FORMATO BÁSICO DEL ESTADO DEL BIENESTAR

1. Forma básica

❖ Estado Social y democrático de derecho

- Constitución francesa (1946): "Francia es una República indivisible, laica, democrática y social" (art. 1)
- Constitución italiana (1948): "Italia es una República democrática fundada en el trabajo" (art. 1)
- Ley Fundamental de Bonn (1949): "La República Federal de Alemania es un Estado federal democrático y social" (art. 20.1)

- Constitución portuguesa (1976): Fija como un objetivos de la República "la construcción de una sociedad libre, justa y solidaria" (art. 1)
- Constitución española (1978): "España se constituye en un Estado social y democrático de Derecho" (art. 1)

❖ Existencia de otras formas de protección social amplia (por ejemplo, modelo de socialismo real)

2. ¿Cómo es posible?

❖ Políticamente: Lo permiten los renovados sistemas constitucionales de postguerra

❖ Legitimidad: Pacto entre trabajo y capital

1.8. EL ESPACIO WELFARISTA DEL ESTADO

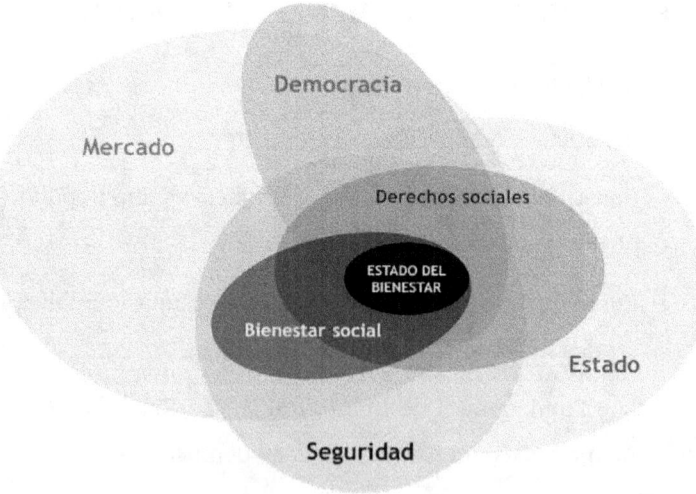

1.9. LOS PILARES DEL ESTADO DEL BIENESTAR

1. Los ámbitos del welfarismo tradicional

2. Los ámbitos del welfarismo maduro

1.10. LAS POLÍTICAS WELFARISTAS DEL ESTADO

1. Prestaciones dinerarias por vejez (jubilación)
2. Prestaciones dinerarias por invalidez
3. Servicios para las personas mayores y discapacitados
4. Prestaciones por supervivencia (viudedad y orfandad)
5. Prestaciones a la familia

6. Programas activos en el mercado de fuerza de trabajo
7. Desempleo
8. Otras prestaciones de mantenimiento de renta (incapacidad laboral, prestaciones por enfermedad profesional o accidente laboral, baja por maternidad y cuidado de los hijos y planes de prejubilación)
9. Sanidad
10. Vivienda
11. Educación
12. Otras contingencias, como los programas de rentas mínimas garantizadas, inmigrantes y refugiados, etc.
13. Políticas sociales postindustriales: Medioambiente, paz, igualdad de género, conciliación y, en general, todas aquellas que tienen que ver con una mayor calidad de vida social

1.11. LOS "TREINTA GLORIOSOS" DEL ESTADO DEL BIENESTAR

1. Etapa de formación y desarrollo del Welfare State (1942-1973)

1. Se trata de un período de reconstrucción y recomposición del modelo capitalista de producción que dio paso a un largo período de estabilidad y crecimiento económico sin precedentes durante casi tres décadas
2. Crecimiento exponencial del gasto público y de las prestaciones sociales: "los 30 gloriosos"
3. Al final de estos años el Estado del Bienestar alcanza su máximo esplendor

2. Los logros

1. Crecimiento y bienestar en la llamada sociedad del consumo de masas
2. Contribución a la vertebración de la convivencia, la cohesión y estabilidad sociales
3. Institucionalización de lo social

    Institucionalización de los derechos sociales así como un conjunto de servicios y equipamientos sociales sobre la base de un sistema universal de seguridad y protección social y otro de garantía de recursos: Si el modelo de producción fordista permitió el acceso en masa a los bienes y servicios de carácter económico, las políticas de bienestar lo han hecho a los bienes y servicios de carácter social

Redistribución de la renta

Creación de una gran clase media

Eliminación de la lucha de clases: integración del conflicto social en un marco institucionalizado de relaciones laborales

Eso ha permitido

1. La legitimación:
    - Del Estado interventor y de la economía mixta
    - Del propio Estado liberal (en su faceta social)
    - Del sistema capitalista de producción
2. La institucionalización del conflicto social
3. Una distribución de la renta compatible con el crecimiento de la productividad y el cambio tecnológico

Como señala Offe (Rubio, 1991: 450):

"La tensión entre la democracia y el sistema de economía de mercado puedo evitarse, a pesar de las contradicciones teóricas que plantean ambos elementos, debido al desarrollo de los partidos de masas y la competencia entre ellos que, entre otros efectos, provocó su desradicalización ideológica, y además el desarrollo del Estado de Bienestar fue responsable de dicha compatibilidad. En definitiva, el Estado social pudo superar la tensión entre la libertad y la igualdad porque resultó ser una fórmula de compromiso que hizo necesaria, además de deseable, la vinculación entre ambos valores. Toda vez que por un lado la igualdad de oportunidades, aunque parezca paradójico, es esencial para preservar la libertad, y por otro lado, la estabilidad de la democracia depende en parte de una mínima garantía material"

Por otra parte:

"El Welfare State, como estructura moderna del Estado (...) ha supuesto una serie de transformaciones y cambios en la sociedad actual difíciles de olvidar o suprimir; ha cambiado y extendido muchos de los derechos individuales y colectivos al bienestar social, ha modificado las formas de la conflictualidad socio-política, ha visto nacer nuevos grupos y frentes de reivindicación, ha extendido el concepto de democracia, y todo esto ha reformulado la dialéctica Estado sociedad" (Picó, 1996: 61)

3. La expansión del gasto público

Incremento del gasto público en protección social y del PIB (1960-1973)[16]

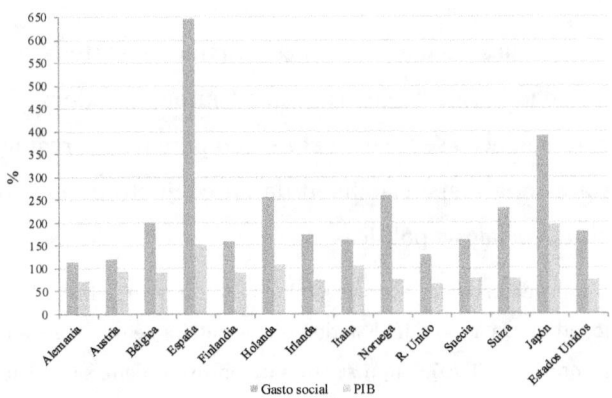

Gasto público en protección social en % del PIB (1960-2014)[17]

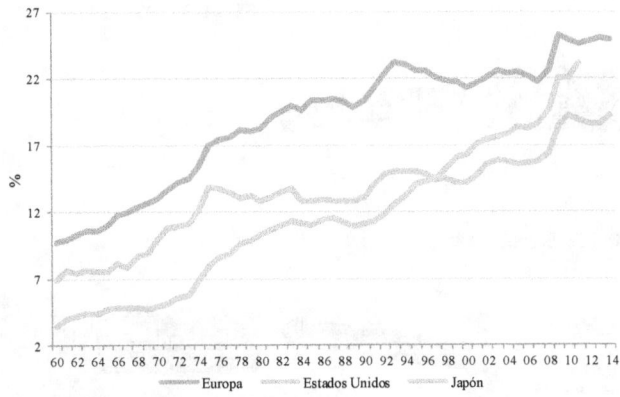

---

[16] Fuente: OCDE y Banco Mundial. Elaboración propia.
[17] Fuente: OCDE. Elaboración propia.

2. Funciones del Estado del Bienestar

1. **Las funciones del Estado de bienestar se cimientan en tres premisas**

    1. El Estado y la sociedad se estructuran mutuamente
    2. La sociedad no cuenta con capacidad autorreguladora
    3. En consecuencia, se recurre al Estado para que la regule: se traslada a este la responsabilidad de un conjunto de funciones económicas, sociales y políticas

    "Allí se trataba de proteger a la sociedad del Estado, aquí se trata de proteger a la sociedad por la acción del Estado. Allí se trataba de un Estado cuya idea se realiza por la inhibición, aquí se trata de un Estado que se realiza por su acción en forma de prestaciones sociales, dirección económica y distribución del producto nacional" (García Pelayo, 1987: 27)

    ESTADO LIBERAL

    Sociedad civil ← Seguridad — Estado ← Autorregulación de la sociedad / Garantía de libertad

    ESTADO DEL BIENESTAR

    Sociedad civil ← Responsabilidades → Estado ← Regulación económica, social y política / Garantía de un mínimo social

2. **Dos funciones básicas**

    1. Función reguladora de la actividad económica, frente a la incapacidad del mercado de garantizar un crecimiento económico equilibrado

- Reproducción equilibrad del sistema económico
- Para el marxismo ortodoxo, la función principal del Estado es asegurar la disponibilidad de capital

2. Función de bienestar social, frente a otros problemas del sistema económico:
    1. Conflictividad entre capital y trabajo
    2. Necesidad de socializar los costes de reproducción de la mano de obra
        - Implementación de la política de bienestar social con dos vertientes:
            1. Distributiva (servicios públicos y transferencias)
            2. Redistributiva (sistema impositivo y política de gastos)
        - Con esta política de bienestar se busca un sistema económico y socialmente integrado que legitima tanto la propia intervención del Estado como al sistema mismo

"La regulación de la economía por parte del Estado y la política de bienestar social supusieron una profunda subversión del antiguo dualismo liberal Estado-sociedad civil (...) El Estado dejó de tener un carácter predominantemente legislativo, afianzándose los aspectos administrativos o de prestaciones y convirtiéndose incluso en un manager de la sociedad nacional" (González y Torres, 1992).

3. **Objetivos sociales**

    1. Control de la pobreza
        - Finalidad: Integración social de los excluidos (cohesión social, reducción de la desigualdad)

- Instrumentos: Subsidios de desempleo, prestaciones no contributivas, renta mínima de inserción, protección a la familia, servicios sociales, atención social a los marginados, promoción pública de vivienda...

2. Seguridad económica
    - Finalidad: Garantía de un mínimo vital
    - Instrumentos: Prestación de seguridad social y de servicios básicos tales como educación, sanidad, bienestar comunitario, cultura o vivienda

3. Redistribución de la renta para la reducción de la desigualdad
    - Finalidad: Modificación de la estructura de la distribución de la renta
    - Instrumentos: Política fiscal progresiva y provisión de bienes y servicios de carácter social ("salario social")

3. Modelos sociales welfaristas. El llamado modelo social europeo

3.1. DISTINTAS EXPERIENCIAS WELFARISTAS

Estado, democracia y bienestar social[18]

BIENESTAR SOCIAL	DERECHOS POLÍTICOS	
	Sí	No
Provisión por el Estado	Estados del Bienestar	Estados no democráticos con bienestar
Provisión por el mercado	Estados democráticos con bienestar social	Estados no democráticos sin bienestar

(UE)

3.2. DISTINTAS EXPERIENCIAS DEL ESTADO WELFARISTA

"El concepto de Estado del Bienestar es tanto empírico como normativo. De ahí la dificultad de establecer sus propiedades" (Aliena, 1993: 9)

1. Configuraciones distintas del welfarismo estatal

Atendiendo a las variables política social desplegada, regulación macroeconómica de tipo Keynesiano y compromiso con el pleno empleo cabría señalar cuatro tipos:

1. Estados de bienestar Intervencionistas Fuertes

---

[18] Fuente: Rose (1993). Elaboración propia.

- Política social generalizada con amplio compromiso con el pleno empleo
- Suecia, Noruega, Austria, Finlandia
- Gasto social por encima de la media de la OCDE

2. Estados del bienestar Compensatorios Blandos
    - Prestaciones sociales generosas pero dirigidas básicamente al desempleo y con poca influencia en el mercado de trabajo
    - Bélgica, Dinamarca y Holanda y, con menor nivel de prestación, Francia, Italia, Alemania, Irlanda

3. Estados orientados al pleno empleo con escasa política de bienestar
    - Japón, Suiza

4. Estados orientados al mercado con escasa política de bienestar
    - Canadá, Nueva Zelanda, EEUU

2. Distintos sistemas welfaristas o de bienestar

Dado que el peso del Estado en la provisión de bienestar social es muy diferente, a veces es preferible hablar de sistemas de bienestar entendidos éstos como la concreción de la acción más o menos mercantilizada y combinada del propio Estado junto al mercado, la sociedad civil y la familia

Podría hablarse así de tres tipos de sistemas:

1. Institucional, socialdemócrata, escandinavo, nórdico, universal, corporatista integrado

- El Estado junto a la participación ciudadana tejen una amplia red de provisión social (países escandinavos)

2. Corporatista, radical, socialista, continental, conservador
   - El Estado actúa como principal agente de provisión social subsidiariamente a las familias (Alemania, Francia, Italia e, incluso, España)

3. Residual, liberal, pluralista
   - El mercado y la familia constituyen la base de la provisión social (EE.UU, Canadá, Suiza)

3. Hechos que posibilitan las distintas configuraciones del Estado del Bienestar[19]

1. Crecimiento económico sostenido en los países occidentales durante las décadas de los 50' y 60'
   - Con bases en el modelo keynesiano (crecimiento del empleo, expansión de las clases medias, mayor poder adquisitivo de segmentos cada vez más amplios de la población). El éxito de esos años validó la teoría de Keynes en economía y la de la socialdemocracia en el ámbito político

2. La legitimidad del Estado para intervenir en la regulación de la sociedad y la economía

---

[19] Alemán y Fernández (2006: 37-39).

- Como principal impulsor del crecimiento económico, como árbitro de los conflictos sociales y como instrumento de integración

3. La universalidad de los servicios sociales
   - Como principio derivado del concepto de ciudadanía social
   - La universalidad de los servicios precisa de la intervención de las instituciones públicas únicas capaces de garantizar el acceso universal y en igualdad de condiciones, condición indispensable para ejercer plenamente los derechos de ciudadanía

3.3. MODELOS DE ESTADO DEL BIENESTAR

1. Los "mundos" del welfare state[20]

El Estado de bienestar constituye un modelo ideal de provisión universal de protección social mediante servicios articulados a través de políticas sociales común entre las sociedades capitalistas occidentales

Si bien como modelo ideal cuenta con características básicas, pueden distinguirse distintos modelos en función de cómo se articule dicha prestación de servicios:

1. Modelo liberal (residual, marginal).
2. Modelo conservador (continental, corporativo, bismarckiano).
3. Modelo socialdemócrata (universal, escandinavo, nórdico, corporatista integrado).

---

[20] Cfr. Alemán y Fernández (2006: 183-186 y 195-204)

4. Modelo mediterráneo (sureño, latino)
5. Modelo de Europa central y del este.
6. Modelo báltico.

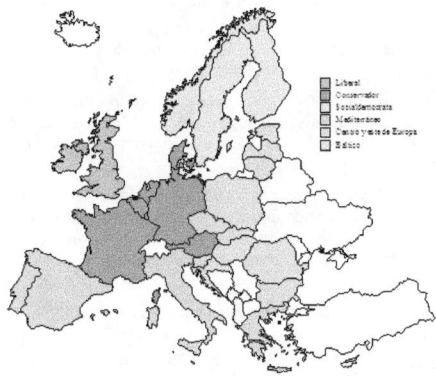

Principales modelos de Estado del Bienestar[21]

	Liberal	Conservador	Socialdemócrata	Mediterráneo
Aparición	Siglo XIX	Siglo XIX (finales)	Siglo XX (mediados)	S. XX (década 70)
Beneficiarios	Pobres	Trabajadores	Ciudadanos	Ciudadanos
Derechos sociales	No universales	No universales	Universales	Universales (salud, educación)
Fuerza de los derechos sociales	Mínima (no universales)	Alta (para empleados)	Máxima (universales)	Alta
Cobertura	Selectiva	Ocupacional	Universal	Mixta
Financiación	Impositiva	Contributiva	Impositiva	Mixta
Provisión	Pública / cuasi mercados	Mixta / ONGs	Pública / centralizada	Pública / descentralizada
Rol del Estado	Marginal	Subsidiario	Muy importante	Relativamente importante
Rol del mercado	Importante	Marginal	Marginal	Marginal
Rol de la familia	Marginal	Importante	Marginal	Importante
Pobreza	Problema individual	Problema individual	Problema social	Problema individual
Reducción de la pobreza	Baja	Media	Alta	Baja
Política de empleo	Activa	Pasiva	Activa (flexible)	Pasiva
Redistribución	Baja	Baja	Alta	Media
Equidad	Baja	Alta	Alta	Baja
Eficiencia	Alta	Baja	Alta	Baja
Desmercantilización	Baja	Media	Alta	Media
Desfamiliarización	Baja	Baja	Alta	Baja
Sindicatos	Bajo poder de decisión Afiliación baja	Poder de decisión Afiliación baja	Poder de decisión Afiliación alta	Poder de decisión Afiliación alta
Ideología política	Conservadora	Conservadora	Social	Conservadora Católica
Países de desarrollo	Países anglosajones. EEUU, Canadá y Australia	Alemania, Francia, Bélgica, Austria, Holanda y Luxemburgo	Dinamarca, Finlandia, Suecia y Noruega	Italia, España, Grecia y Portugal

---

[21] Fuentes: Hicks y Esping-Andersen (2005), Moreno (2000:73) y Barroso y Castro (2010: 6).

De forma resumida, las características de estos modelos son[22]:

Ferrera	**1. Anglosajón:** Cobertura elevada del Estado del Bienestar; asistencia social con prueba de medios; sistema mixto de financiación; organización altamente integrada totalmente gestionada por una administración pública
	2. Bismarckiano: Fuerte vínculo entre la posición de trabajo (y/o estado familiar) y los derechos sociales; beneficios proporcionales a los ingresos; financiación a través de contribuciones; beneficios de asistencia social razonablemente sustanciados; planes de seguro que se rige principalmente por sindicatos y organizaciones de empleadores
	3. Escandinavo: Protección social como un derecho de ciudadanía; cobertura universal; beneficios fijos relativamente generosos para diversos riesgos sociales; financiación principalmente a través de los ingresos fiscales; fuerte integración organizacional
	4. Sureño: Sistema fragmentado de garantías de ingresos vinculados al trabajo; beneficios generosos sin una red articulada de protección social mínima; cuidado de la salud como un derecho de la ciudadanía; acuerdos particulares en los pagos de prestaciones en dinero y la financiación; financiación a través de contribuciones e ingresos fiscales
Esping-Andersen Nivel de desmercantilización	**1. Liberal:** Bajo nivel de desmercantilización; diferenciación de mercado del bienestar
	2. Conservador: Nivel moderado de desmercantilización; prestaciones sociales dependientes principalmente de contribuciones previas
	3. Socialdemócrata: Alto nivel de desmercantilización; prestaciones universales y alto grado de igualdad en los beneficios
Bonoli Nivel de gasto social	**1. Británico:** Bajo porcentaje de los gastos sociales financiados mediante contribuciones (Beveridge); bajo gasto social como porcentaje del PIB
	2. Continental: Alto porcentaje de los gastos sociales financiados mediante contribuciones (Bismarck); alto gasto social como porcentaje del PIB
	3. Nórdico: Bajo porcentaje de los gastos sociales financiados mediante contribuciones (Beveridge); alto gasto social como porcentaje del PIB
	4. Sureño: Alto porcentaje de los gastos sociales financiados mediante contribuciones (Bismarck); bajo gasto social como porcentaje del PIB
Leibfried Derecho de los beneficiarios	**1. Anglosajón (residual):** Derecho de transferencias de ingresos; Estado de Bienestar como compensador de último recurso y administrador del trabajo en el mercado
	2. Bismarckiano (institucional): Derecho a la seguridad social; Estado de Bienestar como compensador de primera instancia y empleador de última instancia
	3. Escandinavo (moderno): Derecho al trabajo para todos; universalismo; Estado de Bienestar como empleador de primera instancia y compensador de último recurso
	4. Periférico latino (rudimentario): Derecho al trabajo y bienestar proclamado; Estado de bienestar como una promesa de semiinstitucionalizado

---

[22] Ars y Gelissen (2002).

2. Los distintos mundos del welfare state y la fortaleza de sus políticas sociales

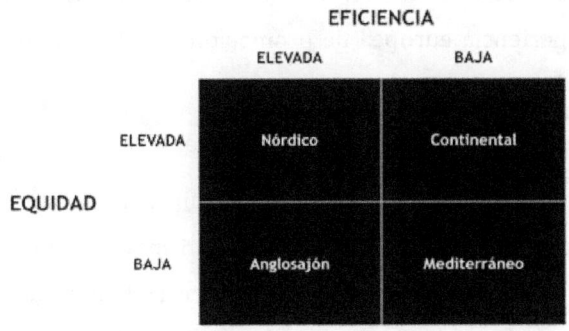

Equidad y eficiencia de los Estados del Bientar europeo[23]

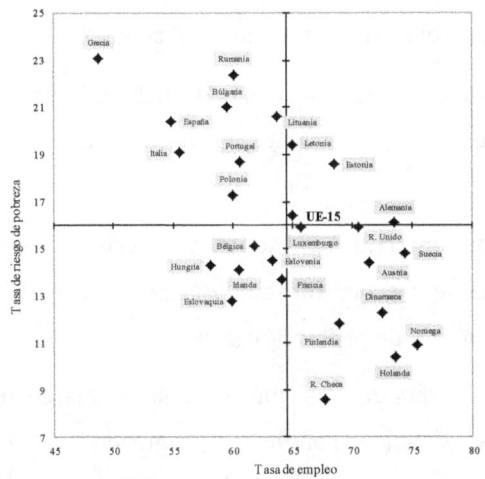

---

[23] Fuente: Eurostat. Elaboración propia. Los datos son para 2013. La tasa de riesgo de pobreza está considerada respecto de un umbral del 60 por ciento de la renta mediana nacional después de transferencia sociales.

3.4. EL LLAMADO MODELO SOCIAL EUROPEO

- ❖ La denominación sirve para describir desde una formulación teórica, genéricamente y en contraste con otros espacios geográficos, la experiencia europea de promoción simultánea de crecimiento económico y cohesión social
- ❖ Necesaria desambiaguación conceptual
- ❖ La denominación de "modelo social europeo" fue introducida por vez primera en la terminología de la Unión Europea con motivo de los debates previos a la adopción en 1989 por once Estados de la Carta comunitaria de derechos sociales fundamentales de los trabajadores
- ❖ El concepto, muy ligado a la propia Europa como realidad, al tiempo controvertido, ambiguo y polisémico, tiene que ver con:
  - La idiosincrasia histórico-geográfica de lo social de la Europa occidental, especialmente si este se compara con otros modelos socioeconómicos del planeta
  - La sedimentación de prácticas y experiencias semejantes en el ámbito de lo social sobre las que se han construido sus distintos sistemas de protección social
- ❖ Aspectos fundamentales que integran el marco de actuaciones propio de los sistemas públicos de seguridad social y de las políticas sociales europeo-occidentales (y que componen un mínimo común denominador relativamente homogéneo en los sistemas de protección social) (Baíllo y Crespo, 1987: 17):
  - La oferta de un umbral mínimo de protección de los ciudadanos contra toda una serie de riesgos sociales tradicionales

como enfermedad, accidentes laborales, invalidez, pérdida de empleo o jubilación

- La prestación de una serie de servicios como sanidad, educación, formación profesional, vivienda, urbanismo, guarderías o la protección medioambiental que permitan a los individuos su plena integración en la sociedad y una cierta calidad de vida

- El apoyo y la promoción del bienestar individual de la persona a través de cualquier otro tipo de prestación o servicio social como, por ejemplo, la difusión de la cultura o de la información

❖ A diferencia de otros modelos sociales del capitalismo democrático, el europeo occidental se ha constituido progresivamente cimentado en cuatro pilares característicos que le confieren su particular substantividad (Tèlo, 1994: 16-18):

1. Existencia de distintos niveles de representación para la defensa de los intereses sociales de los trabajadores
2. Importancia de la acción reguladora de los poderes públicos en la economía y en las condiciones de trabajo
3. Existencia de una cultura política y cívica reformista consolidada
4. Presencia de complejos modelos de Estado del Bienestar de carácter universal y de sistemas de Seguridad Social como el más importante de sus instrumentos

Gasto público en protección social en % del PIB y en $ per cápita en ppc, y gasto público en % del PIB[24]

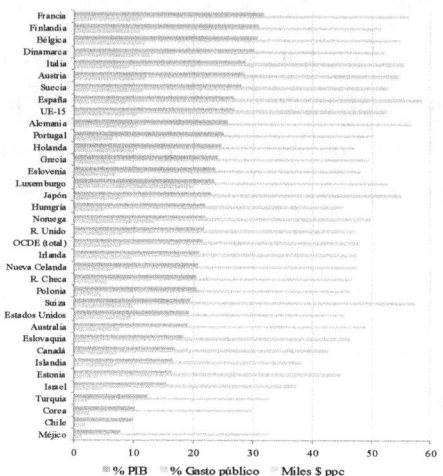

Fuentes de financiación promedio del gasto en protección social en Europa (EU-15, 1993-2012)[25]

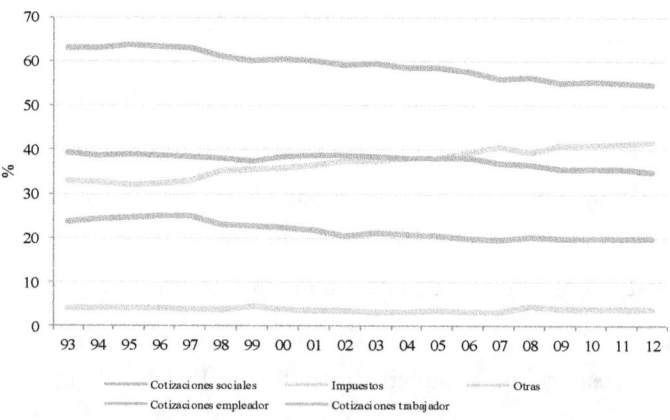

---

[24] Fuente: OCDE. Elaboración propia. Los datos de las tres variables son de 2014 para la proporción del gasto en protección social en el PIB y de 2011 para las otras dos.
[25] Fuente: Eurostat. Elaboración propia.

4. El Estado del Bienestar en España. La descentralización de las políticas sociales

El Estado del Bienestar en España aparece, como tal, con el restablecimiento del sistema democrático (1977)

Las políticas sociales practicadas con anterioridad no integran un Estado del Bienestar al desarrollarse a margen de un sistema de libertades políticas, por lo que hasta esa fecha podría hablarse de Power State pero no de Welfare State

1. El Estado social republicano (Constitución de 1931)

- ❖ Artículo 1: España es una República democrática de trabajadores de toda clase, que se organiza en régimen de Libertad y de Justicia

- ❖ Artículo 46: 1. El trabajo, en sus diversas formas, es una obligación social, y gozará de la protección de las leyes

    2. La República asegurará a todo trabajador las condiciones necesarias de una existencia digna. Su legislación social regulará: los casos de seguro de enfermedad, accidente, paro forzoso, vejez, invalidez y muerte; el trabajo de las mujeres y de los jóvenes y especialmente la protección a la maternidad; la jornada de trabajo y el salario mínimo y familiar; las vacaciones anuales remuneradas; las condiciones del obrero español en el Extranjero; las instituciones de cooperación; la relación económico jurídica de los factores que integran la producción; la participación de los obreros en la dirección, la administración y los beneficios de las empresas, y todo cuanto afecte a la defensa de los trabajadores

2. Los prolegómenos del welfarismo

- ❖ Durante el primer tercio del siglo XX se produce una leve expansión del gasto público de carácter social, que se vio frenada tras la Guerra Civil y que no volvió a crecer hasta 1958 con un incremento sustancial del gasto no financiero de las Administraciones Públicas debido, fundamentalmente, a las transferencias de las Seguridad Social

- ❖ En 1967, precisamente, se pone en marcha el Sistema de Seguridad Social, quedando institucionalizados dos de los pilares del futuro Estado del Bienestar español: protección social y sanidad

3. La creación del Welfare State español (1975-1984)

- ❖ El contexto:
    - Crisis económica y sus secuelas
    - Fin del franquismo y transición política con el restablecimiento de las libertades (políticas y sindicales)
    - Instauración de una nueva Hacienda Pública
    - Las carencias sociales tradicionalmente insatisfechas
- ❖ Cambios experimentados en la sociedad española (Alemán y Fernández (2006: 206):
    - Cambios políticos
        - Democracia parlamentaria con reconocimiento de derechos ciudadanos
        - Descentralización territorial y competencial
        - Integración en la Unión Europea
    - Cambios económicos

- Modernización de las estructuras productivas (reconversión) y adaptación a las nuevas tecnologías
- Irrupción del desempleo estructural de larga duración

• Cambios sociales
  - Incorporación de la mujer al mercado laboral y al sistema educativo
  - Transformación de la estructura poblacional (aumento de la esperanza de vida y disminución de la natalidad)
  - Incremento de la pobreza y de la exclusión social

En este contexto se produce una progresiva expansión de la intervención del Estado en los ámbitos económico y social

❖ El eje de la reestructuración de la acción pública y la implementación del Estado del Bienestar está en los Pactos de la Moncloa por cuanto establecen las bases para:

- La ampliación de la acción interventora del Estado (consenso
- La puesta en marcha una reforma fiscal de carácter redistributivo, de manera que la redistribución no solo lo será a través del gasto sino también del ingreso (primacía de la imposición directa progresiva)

A partir de los Pactos de la Moncloa (D 22-12-1978) se crean cuatro institutos sociales:

1. INSALUD, para la protección de la salud
2. INSS, para gestionar recursos económicos por jubilación o pérdida de ingresos
3. INSERSO, para gestionar los servicios sociales para ancianos o personas con discapacidad

4. INEM, para gestionar temas de desempleo

❖ La filosofía social de la Constitución de 1978 como soporte jurídico del modelo

- El Estado, social, democrático y de derecho, es responsable promover las condiciones para que la libertad y la igualdad del individuo y de los grupos a través de la elaboración e implantación de políticas sociales orientadas a tal fin

❖ El gasto social entre 1975 y 1984:

- Aumenta por encima del PIB en los primeros años de la democracia (pasa del 16,2 por ciento al 23,6 por ciento). El incremento hay que buscarlo en factores extraeconómicos
- Con relación al gasto público, es la partida más importante, si bien cae entre 1980 y 1984
- El gasto en pensiones es la partida más importante de todo el gasto social
- El gasto en desempleo es el que más aumenta (casi un 400 por cien)

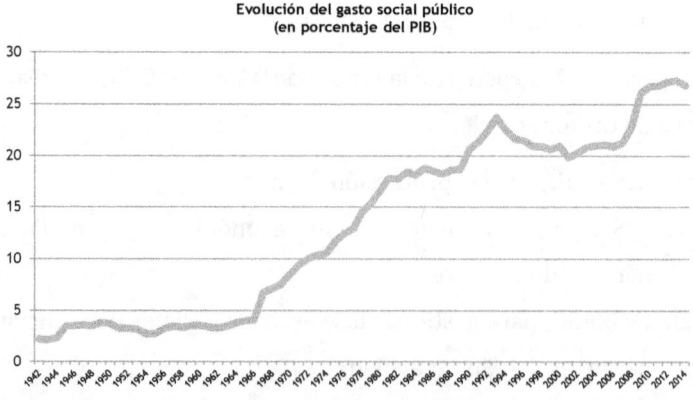

Evolución del gasto social público (en porcentaje del PIB)

4. El Estado del Bienestar en la Constitución española de 1978

Título Preliminar

Artículo 1. Formulación del Estado del Bienestar

España se constituye en un Estado social y democrático de Derecho, que propugna como valores superiores de su ordenamiento jurídico la libertad, la justicia, la igualdad y el pluralismo político

Artículo 9.2. Intervención pública

Corresponde a los poderes públicos promover las condiciones para que la libertad y la igualdad del individuo y de los grupos en que se integra sean reales y efectivas; remover los obstáculos que impidan o dificulten su plenitud y facilitar la participación de todos los ciudadanos en la vida política, económica, cultural y social.

Título I. Capítulo II. Sección I. De los derechos fundamentales y de las libertades públicas

Artículo 27.1. Educación

Todos tienen el derecho a la educación

Título I. Capítulo II. Sección II. De los derechos y deberes de los ciudadanos

Artículo 35.1. Trabajo

Todos los españoles tienen el deber de trabajar y el derecho al trabajo, a la libre elección de profesión u oficio, a la promoción a través del trabajo y a una remuneración suficiente para satisfacer sus necesidades y las de su familia

Artículo 37.1 Negociación colectiva

La Ley garantizará el derecho a la negociación colectiva laboral entre los representantes de los trabajadores y empresarios, así como la fuerza vinculante de los convenios

Capítulo III. De los principios rectores de la política social y económica

Artículo 39.1. Protección de la familia

Los poderes públicos aseguran la protección social, económica y jurídica de la familia

Artículo 40.1. Progreso económico y social

Los poderes públicos promoverán las condiciones favorables para el progreso social y económico y para una distribución de la renta regional y personal más equitativa, en el marco de una política de estabilidad económica. De manera especial realizarán una política orientada al pleno empleo

Artículo 42. Derechos económicos y sociales de los trabajadores

El Estado velará especialmente por la salvaguardia de los derechos económicos y sociales de los trabajadores españoles en el extranjero, y orientará su política hacia su retorno

Artículo 43.1-2 Protección de la salud

Se reconoce el derecho a la protección de la salud. Compete a los poderes públicos organizar y tutelar la salud pública a través de medidas preventivas y de las prestaciones y servicios necesarios. La Ley establecerá los derechos y deberes de todos al respecto

Artículo 44.1. Cultura

Los poderes públicos promoverán y tutelarán el acceso a la cultura, a la que todos tienen derecho

Artículo 45.1. Disfrute del medio ambiente

Todos tienen el derecho a disfrutar de un medio ambiente adecuado para el desarrollo de la persona, así como el deber de conservarlo

Artículo 46. Patrimonio histórico

Los poderes públicos garantizarán la conservación y promoverán el enriquecimiento del patrimonio histórico, cultural y artístico de los pueblos de España y de los bienes que lo integran

Artículo 47. Vivienda digna

Todos los españoles tienen derecho a disfrutar de una vivienda digna y adecuada. Los poderes públicos promoverán las condiciones necesarias y establecerán las normas pertinentes para hacer efectivo este derecho, regulando la utilización del suelo de acuerdo con el interés general para impedir la especulación

Artículo 49. Discapacidad

Los poderes públicos realizarán una política de previsión, tratamiento, rehabilitación e integración de los disminuidos físicos, sensoriales y psíquicos, a los que prestarán la atención especializada que requieran y los ampararán especialmente para el disfrute de los derechos que este Título otorga a todos los ciudadanos

Artículo 50. Tercera edad

Los poderes públicos garantizarán, mediante pensiones adecuadas y periódicamente actualizadas, la suficiencia económica a los ciudadanos durante la tercera edad. Asimismo, y con independencia de las obligaciones familiares, promoverán su bienestar mediante un sistema de servicios sociales que atenderán sus problemas específicos de salud, vivienda, cultura y ocio

Artículo 51. Consumidores y usuarios

Los poderes públicos garantizarán la defensa de los consumidores y usuarios, protegiendo, mediante procedimientos eficaces, la seguridad, la salud y los legítimos intereses económicos de los mismos

Reparto constitucional del competencias: Título VIII. De la organización territorial del Estado. Capítulo III. De las Comunidades Autónomas

Artículo 148

Las comunidades Autónomas podrán asumir competencias en las siguientes materias:

Organización de sus instituciones de autogobierno

Ordenación del territorio, urbanismo y vivienda

La gestión en materia de protección del medio ambiente

El fomento del desarrollo económico de la Comunidad Autónoma dentro de los objetivos marcados por la política económica nacional

Museos, bibliotecas y conservatorios de música de interés para la Comunidad Autónoma.

Patrimonio monumental de interés de la Comunidad Autónoma

El fomento de la cultura, de la investigación y, en su caso, de la enseñanza de la lengua de la Comunidad Autónoma

Promoción del deporte y de la adecuada utilización del ocio

Asistencia social

Sanidad e higiene

Transcurridos cinco años, y mediante la reforma de sus Estatutos, las Comunidades Autónomas podrán ampliar sucesivamente sus competencias dentro del marco establecido en el artículo 149

Reparto constitucional del competencias: Título VIII. De la organización territorial del Estado. Capítulo III. De las Comunidades Autónomas

Artículo 149

El Estado tiene competencia exclusiva sobre las siguientes materias:

Sanidad exterior. Bases y coordinación general de la sanidad. Legislación sobre productos farmacéuticos

Legislación Básica y régimen económico de la Seguridad Social, sin perjuicio de la ejecución de sus servicios por las Comunidades Autónomas

Defensa del patrimonio cultural, artístico y monumental español contra la exportación y la expoliación; museos, bibliotecas y archivos de titularidad estatal, sin perjuicio de su gestión por parte de las Comunidades Autónomas

Sin perjuicio de las competencias que podrán asumir las Comunidades Autónomas, el Estado considerará el servicio de la cultura como deber y atribución esencial y facilitará la comunicación cultural entre las Comunidades Autónomas, de acuerdo con ellas

Las materias no atribuidas expresamente al Estado por esta Constitución podrán corresponder a las Comunidades Autónomas, en virtud de sus respectivos Estatutos. La competencia sobre las materias que no se hayan asumido por los Estatutos de Autonomía corresponderá al Estado cuyas normas prevalecerán, en caso de conflicto, sobre las de las Comunidades Autónomas en todo lo que no esté atribuido a la exclusiva competencia de éstas. El derecho estatal será, en todo caso, supletorio del derecho de las Comunidades Autónomas

5. Temas de discusión

1. ¿Es lo mismo el Estado social que el Estado del Bienestar?
2. ¿Es justa la justicia social?
3. ¿Qué implica el principio de universalidad?
4. ¿Y los principios de equidad y eficiencia?
5. ¿En qué se materializa la responsabilidad reguladora del Estado?
6. Modelos de Estado del Bienestar y sus características
7. ¿Puede hablarse realmente de un modelo social europeo? ¿Obedece la Unión Europea a ese modelo?

TEMA 3. EL ESTADO DEL BIENESTAR DE LAS SOCIEDADES POS-WELFARISTAS

1. La interminable crisis del Estado parternalista y su inacabable reestructuración en la sociedad postindustrial
2. Estado modesto como paradigma. La redefinición de lo social y de las políticas sociales desde la remitificación del mercado y la lógica lib/lab: Los cuasimercados del bienestar
3. El nuevo orden poswelfarista: las políticas sociales del welfare mix. La community care y el tercer sector como nuevo actor del bienestar social
4. El futuro del Estado del Bienestar. ¿Hay alternativas a la anorexia social del Estado?
5. Temas de discusión

1. La interminable crisis del Estado paternalista y su inacabable reestructuración en la sociedad postindustrial

1.1. LA ODISEA WELFARISTA

1. **Formación y desarrollo (1942-1973)**

   ❖ Crecimiento exponencial del gasto público y de las prestaciones sociales: "los 30 gloriosos"

2. **Crisis (1973-1992)**

   ❖ Expansión del gasto público (1973-1982) para paliar los efectos sociales de la crisis económica y ampliación de la cartera prestacional

   ❖ Recuperación económica (1983-1992) y ralentización del gasto público a niveles próximos o inferiores al PIB y mantenimiento de las prestaciones, salvo en los Estados de Bienestar emergentes (España)

3. **Consolidación, ¿madurez? (desde mediados de los 90')**

   ❖ Mantenimiento del gasto público y redefinición del catálogo de prestaciones (1992-2006)

   ❖ La austeridad como paradigma: recortes en los presupuestos públicos y minoración de la cartera de servicios (2007-)

1.2. LA CRISIS DEL ESTADO DEL BIENESTAR DE POST-GUERRA

1. **Límites del Estado para regular los ciclos largos de la economía como detonante**

   - ❖ En un contexto de depresión económica: la crisis estanflacionista de los 70'
     - Crisis económica de carácter estructural
       - Inevitabilidad de los ciclos
       - Agotamiento del modelo fordista
     - El dilema entre un alto nivel de empleo y la estabilidad de los precios
   - ❖ Debate acerca de la compatibilidad entre objetivos económicos y sociales
     - Las políticas antiinflacionistas dificultan aquellas que tratan de fomentar el empleo, favorecer la redistribución de la renta o, en general, reducir la pobreza
     - Las políticas de empleo resultan incompatibles con la reducción del gasto
     - Las prestaciones de desempleo son inflacionistas
   - ❖ La ofensiva neoliberal: *El Estado como problema y no como solución* (R. Reagan)

2. **El contexto de la crisis más allá de la económica: ¿el principio del fin o debate acerca de la viabilidad de Estado del Bienestar?**

   ❖ Internacionalización y globalización de los procesos productivos
   - Límites nacionales para lograr el pleno empleo y el crecimiento económico
   - Incremento de la desigualdad laboral y salarial
   - Tensión a la baja de los sistemas de protección social (dumping social)
   - Fragilidad de las bases ideológicas del welfarismo

   ❖ Segmentación de los mercados de trabajo y la estructura del desempleo
   - El desempleo se convierte en estructural por factores como:
   - La crisis de ciertos sectores productivos, fundamentalmente industriales, que emplean numerosa mano de obra
   - Los nuevos sectores productivos, más tecnificados, no incorporan excesiva mano de obra
   - La creciente y progresiva sustitución de capital productivo por especulativo no incentiva la creación de puestos de trabajo sino que, al contrario, favorece su destrucción
   - La deslocalización productiva desde los países desarrollados

   ❖ Cambios en la estructura social
   ❖ Incorporación de la mujer al mercado de trabajo
   ❖ Nuevas formas de pobreza

1.3. LAS DIMENSIONES DE LA CRISIS[26]

1. La crisis financiera de los 70'
2. La crisis ideológica de los 80'
   - Crisis de eficacia
   - Crisis de legitimidad
3. La crisis filosófica que se abre

Se trata de una crisis estructural, del modelo mismo, por cuanto afecta a todos sus ámbitos, económico, social y político

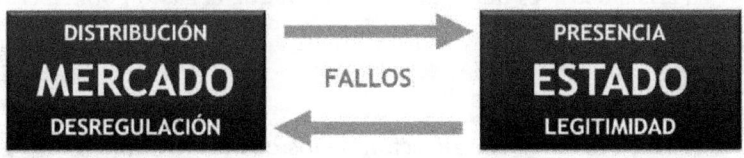

1. **La crisis fiscal del Estado**[27]

   ❖ Crecimiento de los gastos sociales a ritmos previos a la crisis y caída de los ingresos tributarios por la menor actividad económica

   ❖ Incremento del déficit público (endeudamiento estructural) y de la presión fiscal, al tiempo que crecen nuevas demandas sociales y se universalizan muchas de las existentes

---

[26] Rosanvallon (1995).
[27] O'Connor, J., 1973. *The fiscal crisis of the State*.

❖ La doble y contradictoria función del Estado y de los presupuestos públicos:

1. Asegurar el crecimiento económico del capital privado → Función de acumulación
2. Satisfacción de la demanda social de servicios públicos (gasto social) → Función de legitimación

En una economía de mercado como la welfarista, el excedente, los beneficios se asignan de manera privada en tanto el que los costes sociales tienden cada vez más a socializarse

❖ La crisis fiscal, es decir, la tendencia a que el gasto público crezca más que los ingresos que lo financian, derivaría de (O'Connor, 1981):

1. La progresiva socialización de los costes del capital y los gastos sociales de producción, pero no de los beneficios concentrados en algunos colectivos (Efecto Mateo)[28]
2. Los costes salariales suben más que la productividad en el sector público, como consecuencia de la imitación de lo que sucede en el sector privado, lo que acaba determinando que no exista relación entre la presión fiscal (mayor ingreso) y el bienestar (Efecto Baumol vs efecto multiplicador del gasto)
3. El Estado debe cubrir las crecientes necesidades sociales que el mercado no cubre, lo que determina un incremento del

---

[28] The Iron Law of Social Welfare, "los más necesitados son los que menos se benefician de él"

número de personas dependientes de este con costes cada vez más elevados (Ley de Wagner) que dificultan su financiación

Déficit público en algunas de las principales economías de la OCDE

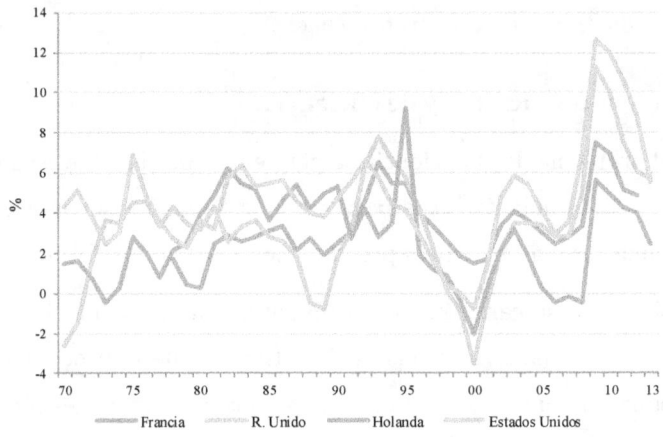

- ❖ Algunas conclusiones acerca de la evolución del déficit público entre 1974 y 1988[29]:

    1. Su estrecha vinculación a la coyuntura económica. Los años con peores resultados económicos presentan más déficit
    2. El déficit público no es necesariamente producto de la actividad del Estado del Bienestar. Tiene que ver más con los efectos de la crisis que con dicha acción
    3. No existe una relación directa entre la cuantía del déficit y el grado de desarrollo del Estado del Bienestar

---

[29] Este resulta problemático por sus efectos sobre el encarecimiento del dinero, la inflación, la inversión, el empleo y la pérdida de competitividad en los mercados internacionales (González y Torres, 1992: 156-157).

4. La expansión del gasto público, como respuesta a la recesión económica y origen del déficit, no responde a una política económica expansiva para elevar la demanda interna, sino a factores automáticos derivados de la crisis, como muestra el incremento de las transferencias

2. La crisis de eficacia, ¿y de eficiencia?

- ❖ El problema de la eficiencia se plantea desde el instante en que se necesitan más recursos para atender a más personas y proporcionarles más y mejores prestaciones

- ❖ El Estado no garantiza el crecimiento, ni la redistribución equitativa de la renta (efecto Mateo), al tiempo que se produce un empobrecimiento de la calidad de los servicios, mala gestión por la rigidez de unas estructuras desmesuradas por sus dimensiones y burocracia

    - Los fallos en la redistribución no impiden, sin embargo, que la ciudadanía tenga la sensación de que el Estado proporciona mayor seguridad material (el espejismo psicológico de la redistribución)[30]

- ❖ Menor eficiencia del sector público respecto del privado (efecto Baumol) y la racionalidad económica en lo social

---

[30] González y Torres (1992).

❖ La insuficiencia del incremento de la presión fiscal lleva a la expansión del déficit público, al incremento de la deuda pública y a la persistencia de las tensiones inflacionistas

Gasto público, gasto social total, gasto en protección social, déficit público y deuda pública UE-15 en % del PIB (1995-2014)

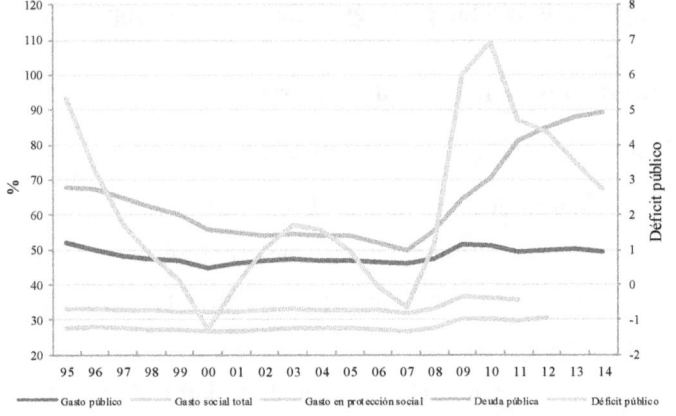

3. La crisis de legitimidad

La crisis del Estado del Bienestar ha tenido como efecto la remodelación de esta forma de intervencionismo estatal mediante su desmantelamiento parcial y selectivo al tiempo que supone un progresivo debilitamiento de la legitimidad misma del modelo, si bien no del sistema

❖ Es esta una crisis íntimamente relacionada con las anteriores ya que el Estado del Bienestar es incapaz de cumplir las funciones básicas encomendadas por lo que pierde su razón de ser y, por tanto, su legitimidad

❖ Los costes de oportunidad del bienestar: Solidaridad vs eficiencia económica

❖ La "rebelión" de las clases medias, tanto por el incremento de la presión fiscal como por el recorte de las políticas sociales

❖ Progresiva desmitificación de los servidores públicos, tanto de la clase política como de la burocracia funcionarial

❖ El individualismo y la desconfianza en lo público han sustituido al clima de solidaridad y consenso social de la postguerra

4. Resumiendo los motivos de la crisis

❖ Motivos generalizables en los países europeos:

1. Los desequilibrios demográficos
2. La desaceleración del desarrollo económico
3. La desindustrialización y las consiguientes modificaciones en la estratificación social
4. Las nuevas patologías de la modernidad
5. El individualismo y el privativismo
6. Las nuevas migraciones

❖ Motivos específicos a ciertos países y regiones

1. El nivel de la deuda pública y, en concreto, de la deuda por gastos sociales
2. El elevado nivel de presión social, especialmente de aquellos grupos contrarios al sostenimiento del Estado del Bienestar por vía fiscal
3. Desigualdad, ineficacia e ineficiencia (improductividad) de la administración pública frente a un exceso de gasto corriente respecto de los servicios efectivamente distribuidos
4. La existencia de particulares regiones subdesarrolladas y de bolsas de pobreza

5. Algunas consideraciones respecto de la crisis del welfarismo clásico[31]

- ❖ La crisis no lo es de la protección social, sino de un modelo específico de ésta: el modelo keynesiano-beveridgiano

- ❖ El Estado del Bienestar no es el desencadenante de las crisis económicas (por ejemplo, la de 1973), pero, ¿contribuye a alimentarlas a través de un déficit y una deuda públicos crecientes?

- ❖ La crisis lo es integral ya que no solo se ha debilitado el soporte económico del Estado sino, igualmente, su marco social, político y cultural, como demuestra que no se haya intentado su "reconstrucción" en tiempos de bonanza

- ❖ Las transformaciones experimentadas por el Estado del Bienestar, diferentes en cada país, no obedecen, por tanto, a razones exclusivamente económicas sino también ideológicas

- ❖ Esto no es suficiente como para proponer el total desmantelamiento del Estado del Bienestar, sino su remodelación tanto por las consecuencias sociales como los condicionantes que el mercado político surgido del sufragio universal impone a las distintas opciones ideológicas

- ❖ La crisis económica que sacude al Estado del Bienestar eleva la polarización social económica y política de tal manera que los segmentos sociales más desfavorecidos se alejan del bienestar material y del poder político

---

[31] González y Torres (1992: 195-200).

- ❖ En este contexto, surge la necesidad de un nuevo pacto social que sustituya al antiguo pacto entre clases sociales que redefina las relaciones entre los distintos grupos sociales y el Estado. Dicho pacto, reorientador del Estado del Bienestar, es un factor más de su deslegitimación

- ❖ La crisis de legitimidad que está experimentando este modelo de Estado no supone la del sistema económico, cuya legitimidad vuelve a depender cada vez más de los mecanismos del mercado y menos de la intervención estatal

- ❖ El recorte en políticas sociales y la menor progresividad fiscal contribuyen a deslegitimar más al Estado y a un deterioro de la confianza en lo público al tiempo que fortalece las tendencias afines al mercado

1.4. EL ESTADO DEL BIENESTAR NEOCORPORATIVO

1. La deriva neocorporatista de la crisis welfarista[32]

- ❖ En un escenario marcado por la contención del déficit público mediante el control del gasto y por las demandas sociales crecientes (rigidez de las demandas sociales) en el que el Estado encuentra dificultades para su satisfacción, la cobertura de las mismas tiende a organizarse en torno a un proceso en el que concurren y compiten determinados grupos organizados con distintos intere-

---

[32] Cfr. González y Torres (1992: 195-200).

ses: Estado, sindicatos, patronales, partidos, lobbies, confesiones, sector no lucrativo...)

❖ Esta forma de participación en la redistribución supone:

1. La marginación de aquellos otros grupos con escasa fuerza y débil organización que no solo quedan fuera del amparo público, sino también privado. Su marginación lo es en todos los órdenes (económica, social y política) lo que favorece su no identificación con el sistema con consecuencias como:
   - La elevación de los niveles de conflictividad social
   - La desconfianza en los partidos como instrumentos de representación y participación política e irrupción de grupos difusos y no dirigidos como alternativa
   - El resquebrajamiento del sistema democrático
   - La sociedad del entetanimiento
2. Una minoración de la legitimidad del modelo de bienestar universal y, por tanto, de propio Estado interventor
3. Los recelos de la mayoría social en tanto las expectativas grupales no se ven convenientemente satisfechas

❖ El corporatismo introduce modificaciones en el Estado del Bienestar tradicional:

1. Más que por las implicaciones económicas de las políticas sociales, por la incorporación de objetivos de política social en las políticas económicas
2. Establece la necesidad de cooperación y consentimiento de los principales intereses económicos para el sostenimiento en el largo plazo de una economía de mercado productivo y un sistema de bienestar social

2. Y acto seguido, la crisis del Estado del Bienestar neocorporativo[33]

- ❖ El Estado del Bienestar neocorporativo, como forma madura del welfarismo clásico, también se tambalea desde el momento en que falla la lógica corporatista de los principales actores que lo sustentan (fundamentalmente, sindicatos, patronal y gobierno):

    - Por un lado, al rediseñar la protección social sobre el modelo laboral (remercantilización), éste difícilmente puede incluir necesidades y tipos de exclusión (viejos y nuevos) que no derivan directamente del mercado de trabajo

    - Pero, sobre todo, los profundos cambios sociales (segmentación del mercado de trabajo y los nuevos escenarios de las relaciones laborales, nuevas estructuras familiares) hacen necesario redefinir los límites del concepto de ciudadanía en cuanto a los derechos y deberes que comporta

    - En el complejo contexto del capitalismo postindustrial, las reglas de igualdad formal que otorga el estatus de ciudadanía a revisar no resultan funcionales para abordar la satisfacción de crecientes necesidades materiales, desigualdades y desemejanzas

---

[33] Herra y Castón (2003: 117-119).

2. Estado modesto como paradigma. La redefinición de lo social y de las políticas sociales desde la remitificación del mercado y la lógica lib/lab: Los cuasimercados del bienestar

2.1. LA REVISIÓN CUANTITATIVA DE LAS POLÍTICAS SOCIALES

1. La moderación del gasto social

- ❖ Frente a la tendencia estructural a la expansión del gasto público y del social, en particular...

- ❖ Contención del déficit mediante el control del gasto dado que el incremento de la presión fiscal se topa con cada vez mayores resistencias

Variación del gasto total de las AAPP en los países de la OCDE, 1960-1989[34]

	Variación 60-89	Variación 60-73	Variación 73-75	Variación 73-82	Variación 82-85	Variación 82-89	Variación 85-89
Total OCDE	39,3	15,4	15,8	25,8	-1,7	-1,4	-2,4
Siete grandes países	33,0	12,4	15,3	23,5	-1,7	-4,2	-2,5
Países europeos ODCE	51,1	20,9	16,3	28,6	1,0	-2,8	-3,8
España	186,5	55,4	7,4	63,0	12,5	13,1	0,5

---

[34] González y Torres (1992).

Gastos sociales en los países de la OCDE, 1960-1985 (en porcentaje del PIB)

	1960	1974	1981	1985	Variación 60-85	Variación 60-74	Variación 73-81	Variación 81-85
Total OCDE	13,1	21,6	24,7	24,6	87,8	64,9	14,4	-0,4
Siete grandes países	13,7	20,8	24,8	23,5	71,5	51,8	19,2	-5,2
España				19,2				

2. La evolución del gasto social

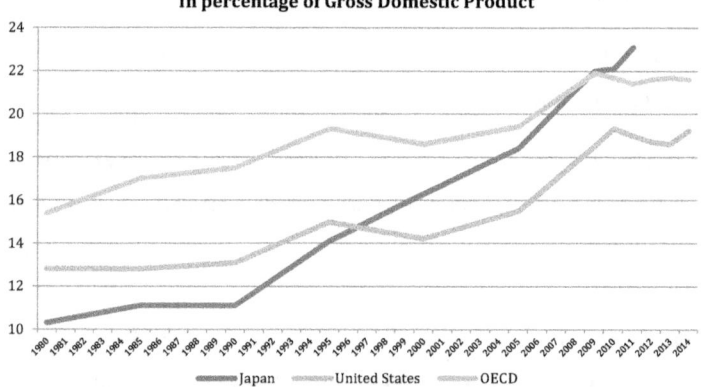

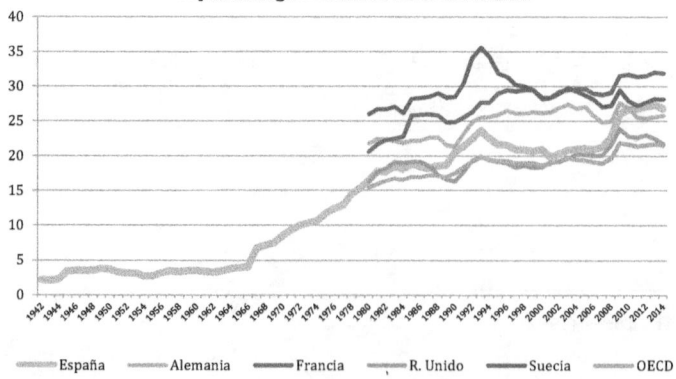

2.2. CUASIMERCADOS O MERCADOS INTERNOS DE BIENESTAR

1. **Concepto de cuasimercado o mercado interno**

   ❖ Los cuasimercados pueden entenderse como "aquellos instrumentos de gestión o diseños organizativos públicos en los que está presente al menos una característica significativa de los mercados como pueden ser la competencia, el uso de señales de precio, la toma descentralizada de decisiones o los incentivos monetarios" (Albi et al., 1997)

   ❖ Su aparición hay que contextualizarla en el debate acerca del nivel de eficiencia con el que se administran los recursos públicos

   ❖ Introducción de mecanismos de simulación de mercados en el ámbito público (sanidad, educación, servicios sociales...), con los que lograr incrementos en la eficiencia y productividad en el sector público compatibles con el principio de equidad, mediante:

   1. La reducción de costes, o con un incremento de la calidad o cantidad de los servicios (eficiencia productiva), y/o
   2. Una mayor adecuación de los servicios a las necesidades del conjunto de la sociedad (eficiencia asignativa)

2. **Características de los cuasimercados o mercados internos**[35]

   ❖ Separación entre la financiación/provisión y producción o suministro de los servicios públicos

---

[35] Bartlett (1994).

- Determinados los recursos disponibles para una actividad determinada, estos no se asignan a los proveedores mediante una decisión administrativa, sino por la elección de los usuarios
- Los recursos son asignados por actividad y mercado
- Los precios no se determinan generalmente en función de la oferta y la demanda, sino que son negociados entre el proveedor de los fondos y el comprador según criterios previos
- Los mercados son "internos" ya que las transacciones realizadas en ellos permanecen dentro del ámbito público

3. Objetivos

- La obtención, mediante los estímulos de la competencia, de niveles de eficacia, de eficiencia y de respuesta a las necesidades de los ciudadanos mejores que los obtenidos a través del actividad pública tradicional sin que de ello se deriven mayores desigualdades en el acceso a los servicios que las que se producen con el sistema de provisión pública directa
- Estos objetivos se cumplirán más fácilmente en función de:
  - La existencia de un nivel suficiente de competencia entre los suministradores de los servicios
  - La cuantía de los costes asociados a la contratación así como los derivados de administrar, regular, supervisar y controlar el cuasimercado
  - La estructura administrativa, política y legal que debería ofrecer protección a los consumidores y motivar a los agentes del

mercado para hacer que el sistema funcione de forma eficiente mediante la actuación de la competencia

4. Equidad vs eficiencia

❖ Elementos de conflicto (Pérez y Salinas, 1999: 146)

Elementos relacionados con la eficiencia	Elementos relacionados con la equidad
• Estructura de mercado y diferenciación del producto • Capacidad de elección • Sistema de financiación • Sistema de información • Gestión descentralizada	• Igualdad de acceso • Libertad de elección • Sistema de incentivos

3. El nuevo orden poswelfarista: las políticas sociales del welfare mix. La community care y el tercer sector como nuevo actor del bienestar social

3.1. EL ORDEN POSWELFARISTA

1. El escenario

❖ La transformación o rediseño de los sistemas de protección social en el tránsito de la sociedad industrial a la postindustrial y líquida

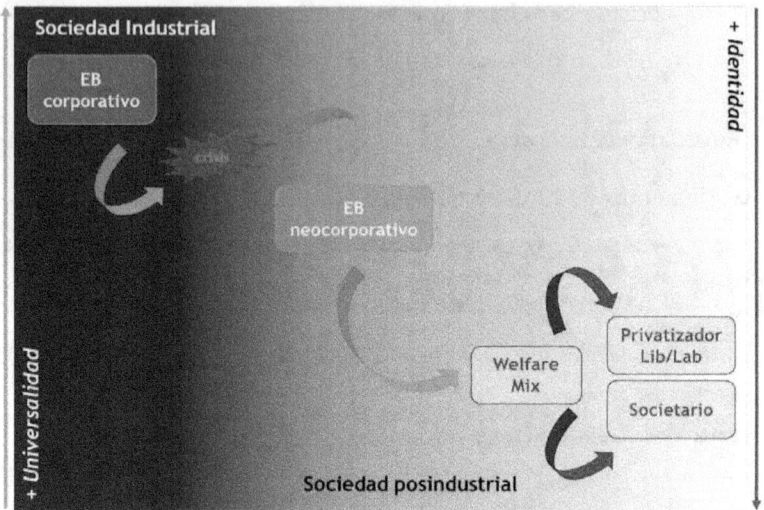

2. Las amenazas

❖ La incansable y monótona letanía neoliberal ... y la remitificación del mercado

❖ El peligro de las emergentes nuevas (y muy numerosas) clases medias

3. Las alternativas

❖ Redescubriendo el mercado, la desregulación social y hasta la sociedad civil

- Los cuasimercados del bienestar
- La community care
- El welfare mix: ¿... desde las nuevas (terceras) vías de la socialdemocracia?, ¿desde un "neowelfarismo" societario?, ¿desandar lo andado, edificar sobre el viejo solar?
- ¿Y desde Europa?

❖ Hacia adelante sin mirar atrás

- Bienestar internacional, comunitarismo

4. "Tres horizontes" teóricos del Estado del Bienestar[36]

1. EL horizonte continuista

   El futuro de la protección social pasaría por una recuperación y ampliación de las políticas sociales de carácter universal sobre la base del refuerzo del principio de solidaridad a todos los niveles

2. El horizonte selectivista

   La continuidad del modelo de protección social pasaría por condicionar y hacer más selectivos los derechos de prestación, respecto de su configuración material como limitando el acceso

3. Una "tercera vía"

   Una propuesta intermedia (tipo lib-lab) que, por ejemplo, podría concretarse en concentrar la seguridad social pública sobre los segmentos de población más necesitados, dejando a las otras clases sociales (que están por encima de la línea de pobreza relativa) mayores libertades de elección para opciones privadas

5. Y dos tendencias en la práctica

1. El retroceso hacia un modelo de seguridad social basado sobre contribuciones (el llamado modelo de tipo bismarckiano), con la

---

[36] Herrera y Castón (2003: 119-120).

pretensión de que los gastos de no se descarguen sobre el sistema fiscal

2. La ruptura de la solidaridad universal, a fin de trasladar las funciones de las instituciones solidarias centrales sobre las periféricas (autoridades locales) y de las instituciones públicas sobre las privadas (a través de una mayor participación y contribución de la familia, las redes informales y de las formas asociativas)

6. Universalidad vs selectividad

❖ ¿Debe darse a la Política Social un enfoque universal o un enfoque selectivo?

Es decir, la protección dispensada por el bienestar social ¿debe otorgarse sobre la base del universalismo o del selectivismo?

❖ ¿En función de cuál de esos dos criterios deben concederse las prestaciones sociales? ¿Sobre cuál de esos dos principios deben organizarse los servicios sociales: sobre la universalidad o sobre la selectividad?[37]

---

[37] Cfr. Moix (1980).

3.2. EL BIENESTAR SOCIETARIO

1. **Del welfare estatal al societario. La construcción de un well-being civil**

   ❖ El Estado social y el Estado del Bienestar (como forma derivada de aquél) surgen y se desarrollan sobre la cuestión social, sobre el enfrentamiento dialéctico entre trabajo y capital

   ❖ En el momento de cuestionamiento del modelo de welfare y welfare neocorporativo cabe preguntarse si los actores sociales protagonistas (sindicatos, patronal y Estado, además de partidos po- políticos) son suficientes para el sostenimiento (y la legitimación) de los sistemas de protección social en esta sociedad postindustrial o neopostindustrial donde surgen necesidades de cobertura que transcienden con mucho el mercado de trabajo

   ❖ En este escenario donde se han de redefinir las políticas sociales se evidencia que:

   1. El Estado y los actores sociales tradicionales ya no son los únicos en operar, sino que irrumpen otros nuevos. Las políticas sociales no son, por tanto, exclusivamente públicas. La política social se convierte en una función difusa que se desarrolla en un complejo entramado de redes relacionales
   2. Se amplían los instrumentos al servicio de lo social. En consonancia con el tipo de sociedad, los sistemas de protección social tienen a desregularizarse, lo que implica que los programas condicionales dan paso otros de carácter diversificado, selectivo y orientados a objetivos donde los destinatarios juegan un papel activo (prosumidores)

2. Los ejes de desarrollo de la protección social de carácter societario[38]

1. Pluralización de los actores de la protección social y de las políticas sociales con una creciente tendencia a:

    - La descentralización de los servicios (espacial y funcional), de forma que los ciudadanos ganen poder de decisión y la gestión de los mismos resulte más transparente y cercana (principio de subsidiariedad)
    - La participación, como instrumento que facilite el acceso ciudadano a los servicios, y desarrollo de organismos para la defensa de éstos
    - El refuerzo de instancias intermedias (tercer y cuarto sector) oferentes de protección social

2. Función social de la familia como sujeto de los servicios primarios de protección social
3. Reorganización de la producción y gestión de los servicios sociales, de tal manera que los ciudadanos dejan de ser usuarios pasivos para convertirse en coproductores y cogestores

---

[38] Herrera y Castón (2003: 127-130).

3. Los actores de la protección social: el welfare mix

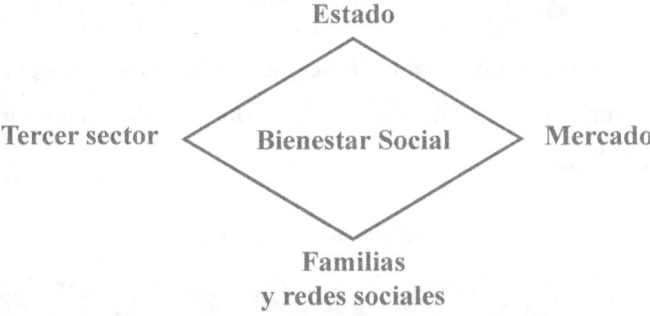

El welfare societario se articula en torno a la intersección de distintos actores en cuatro subsistemas:

1. El político. Caracterizado por la imposición forzosa de las obligaciones de ciudadanía y la actividad de redistribución, donde la protección social gira en torno al Estado

   El Estado aparece como un ordenador y regulador general, que deber ser el garante, fundamentalmente, del principio de igualdad social. Además opera como proveedor y promotor subsidiario

2. El mercado. Donde interactúan agentes (empresas, sindicatos, etc.) que buscan su propio beneficio

   El mercado estimula el juego de los intereses, representa la instancia de la libertad de iniciativa

3. La economía social (mercado social), con un conjunto de entidades sin ánimo de lucro que actúan a partir de objetivos solidarios como los del terceros sector o sector "non profit"

El tercer sector organizado, representa las instancias de solidaridad primaria y secundaria

4. Las comunidades primarias, con familias y redes informales (el "cuarto sector")

Éstas ejercen importantes funciones de equidad entre generaciones en cuanto actúan según un principio de reciprocidad del mundo vital

Actores del bienestar societario[39]

	ESTADO	MERCADO	SOCIEDAD CIVIL	FAMILIAS Y REDES INFORMALES
Sector productor de *welfare*	Estado	Mercado	Tercer sector (privado social)	Sector informal (familias y redes primarias)
1. Principio de coordinación	Jerarquía	Competencia	Libre voluntad	Obligación personal
2. Oferente	Administración pública	Empresas privadas	Entidades del tercer sector (ONG)	Redes familiares, vecindad y amistades
3. Beneficiario	Ciudadano	Consumidor	Socio	Miembro de la comunidad
4. Reglas de acceso	Legales (derecho)	Capacidad de pago	Compartir una necesidad	Adscripción o cooptación
5. Medio de intercambio	Derecho	Dinero	Comunicación	Atención a la persona
6. Valor central de ingreso	Igualdad	Libertad de elección	Solidaridad	Reciprocidad (altruismo)
7. Bien alcanzado	Seguridad colectiva	Consumo	Actividades sociales	Compartir personal
8. Carácter del bien	Público	Privado	Relacionales secundarios	Relacionales primarios
9. Principal déficit	Déficits redistributivos y de atención	Desigualdades	Desigual distribución, falta de eficacia	Limitaciones de tipo moral en la libertad de elección

---

[39] Herrera y Castón (2003: 136).

3.3. LA COMMUNITY CARE[40]

1. **El contexto: entre la intervención institucional y la acción informal**

   - ❖ Los límites estructurales del Estado social posindustrial (más allá de la cuestión de la cuestión obrera y la lucha de clases)
   - ❖ La ampliación de la demanda asistencial: nuevos sujetos de pendientes
   - ❖ Creciente diferenciación de la demanda asistencial: viejas y nuevas demandas

2. **Asistencia a nivel comunitario**

   - ❖ La community care se refiere a aquellas formas de asistencia que pueden se elaborados por servicios sanitarios y de base de los entes locales
   - ❖ Se trata de un tipo de intervención multidisciplinar que agrupa tanto a los encargados de garantizar la asistencia pública, como a las familias, voluntarios y la comunidad en su conjunto
   - ❖ Asistencia en la comunidad vs asistencia de la comunidad

3. **Sujetos de la community care**

   - ❖ Enfermos, ancianos, personas con carencia de medios materiales, progenitores solos, alumnos con necesidades especiales, respiro familiar...

---

[40] Herrera y Castón (2003: 171-199).

3.4. EL TERCER SECTOR

1. **El tercer sector y la sociedad civil**

   ❖ El tercer sector es el conjunto de organizaciones que, siendo de naturaleza privada, operan en el espacio público y se preocupan por el bien común. Las más conocidas son las ONGs

   ❖ En conjunto, expresan las inquietudes de la sociedad, las razones por las que los individuos se asocian y organizan, los motivos por los que trabajan. Son la forma de expresión de la solidaridad de una sociedad compleja

   ❖ Junto con innumerables colectivos, grupos e individuos, articulan los diferentes movimientos sociales (de los que muchas veces son vanguardia) y dinamizan la sociedad civil

   ❖ EL tercer sector se caracteriza porque lo que se intercambia en él no es dinero (mercado), poder e influencia (Estado) ni afectos (cuarto sector), sino solidaridad, dones, gratuidad, altruismo... que caracterizan la relacionalidad humana

   ❖ Desde el punto de vista de la teoría relacional, el tercer sector cuenta con:

   1. Una cultura propia basada en el altruismo, el don, la reciprocidad, la solidaridad o la confianza
   2. Una normatividad propia, porque utiliza formas autónomas de intercambio social que van desde el don puro hasta el intercambio de reciprocidad (que, a diferencia del intercambio mercantil, no se basan en la necesidad de la equivalencia de lo intercambiado)

3. Un modo de funcionamiento propio, que expresa formas organizativas caracterizadas por el hecho de movilizar peculiares recursos y de combinarlos según modos propios
4. Un rol societario específico, consistente en la producción de bienes relacionales colectivos

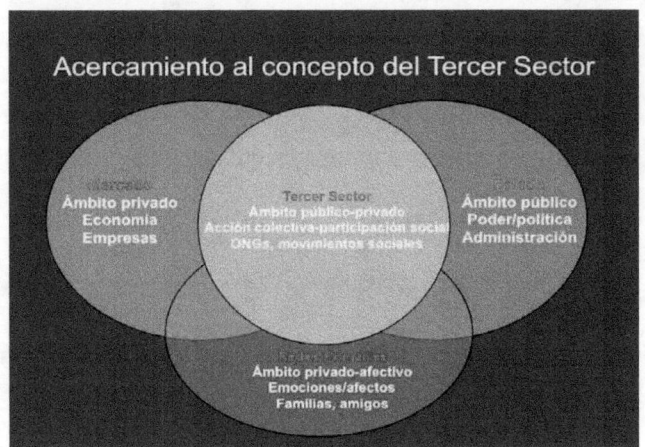

2. Rasgos distintivos de las organizaciones del tercer sector

1. Imposibilidad de establecer un modelo estándar de organización del tercer sector
2. Pluralidad y heterogeneidad de actuaciones y objetivos que podrían agruparse en torno a estos ámbitos: asistencial (tercer sector de acción social), educativo, animación, defensa ambiental, cooperación y protección civil
3. Respecto de los objetivos frecuentemente son ambiguos al tiempo que resulta difícil medir su consecución
4. Pluralidad y heterogeneidad en sus formas respecto de distintas variables: legal, fiscal, estructura interna, dimensión económica, gestión, procesos de decisión, equipos humanos, presupuestos...

5. Diversidad respecto de sus fuentes de financiación, pudiendo distinguir básicamente: Ingresos procedentes del sector público, de la venta de bienes y servicios, de donaciones (individuales o institucionales) o de cuotas asociativas
6. Distinto grado de conexión y colaboración con el sector público estatal (contrating-out)
7. Respecto de su finalidad social podría destacarse:
    - Propósito no lucrativo (no distribución de beneficios)
    - Separación entre consumidores finales y financiadores
    - Presencia de trabajo no retribuido (voluntariado)
    - Idiosincrasia igualitaria y participativa

3. **Difícil taxonomía tipológica de las organizaciones del tercer sector**

    ❖ La diversidad de las organizaciones del tercer sector complica su clasificación si bien para ello suelen utilizarse algunos criterios como estos:
    - Fuentes de financiación y control (donaciones, ventas)
    - Tipo de actividades desplegadas (sociales, caritativas, políticas o de mercado no lucrativas)
    - Utilidad de dichas actividades o de los servicios producidos (públicas o mutualistas, es decir, únicamente para sus miembros)
    - Estructura organizativa (forma jurídica, ámbito territorial, modelo organizativo)

4. El futuro del Estado del Bienestar. ¿Hay alternativas a la anorexia social del Estado?

5. Temas de discusión

1. ¿Qué conocemos como treinta gloriosos?
2. ¿Qué dimensiones adquiere la crisis del Estado del bienestar en los 70' y 80'? ¿Cómo es su evolución?
3. Incidencia del efecto Baumol y de la Ley de Wagner sobre el Estado del bienestar keynesiano.
4. ¿Cuál es la lógica del Estado del bienestar corporativo?
5. ¿Qué significa la remercantilización de la protección social?
6. Respecto de la misma, ¿qué son los cuasimercado o mercados internos?

7. Ejes del bienestar societario
8. Bienestar local – desarrollo global
9. Comentar esta frase: Sin igualdad, la libertad es una falacia[41]

---

[41] De hecho hay quienes, como García Pelayo (1987: 49), defienden la idea de que el Estado Social es contradictorio con los regímenes autoritarios.

BIBLIOGRAFÍA

Albi, E., González Páramo, J. M. y López Casasnovas, G. (1997). *Gestión Pública. Fundamentos, técnicas y casos. Ed. Ariel.* Ariel: Barcelona.

Alemán, C. y Fernández, T. (2006). *Política social y Estado del bienestar.* Valencia: Tirant lo Blanch.

Aliena, R. (1993). Once hipótesis sobre el estado de bienestar y la política social. *Cuadernos de trabajo social* (6), 9-23.

Baíllo, V. y Crespo, F. (1987). *La Europa social.* Pamplona: Salvat.

Barroso, M. y Castro, N. J. (2010). *Estado del bienestar y crisis económica: una revisión bibliográfica.* Recuperado el 6 de 12 de 2014, de XII Reunión de Economía Mundial: https://www.usc.es/congresos/xiirem/pdf/32.pdf

Bartlett, W. (1994). Quasi-markets and educational reforms. En J. Le Grand y W. Bartlett (Edits.), *Quasi-markets and social policy* (págs. 125-153). London: The Macmillan Pres LTD.

Castel, R. (1997). *Las metamorfosis de la cuestión social. Una crónica del salariado.* Buenos Aires: Paidós.

Centella, M. (4 de junio de 2013). Cuando la casa se nos cae. Recuperado el 8 de septiembre de 2014, de The economy journal.com:

http://www.theeconomyjournal.com/es/notices/2013/06/-cuando-la-casa-se-nos-cae-66813.php

Donati, P. y Lucas, A. (1987). La política social en el Estado de Bienestar: El desafío de los sistemas complejos. *Revista Española de Investigaciones Sociológicas* (37), 57-68.

Eurostat. (1997). *Manuel SESPROS 1996.* Luxembourg: Office des publications officielles des Commmunautés européennes.

García Pelayo, M. (1987). *Las transformaciones del Estado cotemporáneo.* Madrid: Alianza.

González, A. y Torres, E. (1992). *El Estado del Bienestar en los países de la OCDE.* Madrid: Ministerio de Trabajo y Seguridad Social.

Herrera, M. y Castón, P. (2003). *Las políticas sociales en las sociedades complejas.* Barcelona: Ariel.

Hicks, A. y Esping-Andersen, G. (2005). Comparative and historical studies of public policy and the welfare state. En T. Janoski, R. Alford, A. Hicks y M. A. Schwartz, *The handbook of polical sociology. State, civil societies and globalization.* Cambridge: Cambridge University Press.

Higgins, H. (1980). Social control theories of Social Policy. *Journal of Social Policy, 9* (1).

Hudson, J. (2013). Welfare. En P. Dwyer y S. Shaw (Edits.), *An Introduction to Social Policy*. SAGE Publications Ltd.

Kaufman, F. X. (1990). Le développement des États-providence en Europe. *Revue Française des Affaires Sociales* (3), 19.

Keynes, J. M. (1969). *Teoría General de la ocupación, el interés y el dinero*. Buenos Aires: Fondo de Cultura Económica.

Laubier, P. (1978). *L'âge de la politique sociale: acteurs, idéologies, réalisations dans les pays industrialisés depuis 1800*. Paris: Éditions techniques et économiques.

León XIII. (1891). *Carta encíclica Rerum Novarum del Sumo Pontífice León XIII sobre la situación de los obreros*. Recuperado el 2014 de 11 de 10, de http://w2.vatican.va/content/leo-xiii/es/encyclicals/documents/hf_l-xiii_enc_15051891_rerum-novarum.html

Mishra, R. (1989). El estado de bienestar después de la crisis: los años 80 y más allá. En R. Muñoz de Bustillo (comp.), *Crisis y futuro del estado del bienestar*. Madrid: Alianza Editorial.

Moix, M. (1980). *El bienestar social. ¿Mito o realiad?* Madrid: Almena.

Montoro, R. (1997). Fundamentos teóricos de la política social. En C. Alemán y J. Garcés, *Política social* (págs. 33-50). Madrid: McGraw-Hill.

Moreno, L. (2000). *Cuidados precarios: la "última red" de protección social*. Barcelona: Ariel.

O'Connor, J. (1981). *La crisis fiscal del Estado*. Barcelona: Península.

Offe, C. y Lenhardt, G. (1979). *Teoria dello Stato e politica sociale,*. Milano: Feltrinelli.

Pérez, M. C. y Salinas, F. J. (1999). Cuasimercados en el ámbito educativo: una aproximación a la experiencia británica. *Gestión y análisis de políticas publicas* (16), 145-152.

Picó, J. (1996). Teorías sobre el Welfare State. *Sistema* (70), 41-62.

Rosanvallon, P. (1995). *La crisis del Estado Providencia.* Madrid: Civitas.

Rubio, M. J. (1991). *La formación del Estado social.* Madrid: Ministerio de Trabajo y Seguridad Social.

Tèlo, M. (1994). L'intégration sociale en tant que réponse du modèle européen à l'interdependance globale? Les chances, les obstacles et les scénarios. En M. Tèlo, *Quelle union sociale européenne?* Bruxelles: Université Libre de Bruxelles.

www.ingramcontent.com/pod-product-compliance
Lightning Source LLC
Chambersburg PA
CBHW072210170526
45158CB00002BA/532